INTERVENÇÃO PLANETÁRIA

FABIO SANTOS
TED HEIDK

INTERVENÇÃO PLANETÁRIA

1ª edição

São Paulo

Fabio Borges dos Santos

2019

Dados Internacionais de Catalogação na Publicação – CIP

Santos, Fabio.

Intervenção planetária / Fabio Santos, Ted Heidk. — 1ª ed. — São Paulo: Fabio Borges dos Santos, 2019.

ISBN 978-85-540954-2-0

1. Contatos com extraterrestres. 2. Ex-combatentes de guerra – Relatos. 3. Guerra – História. 4. Heidk, Ted. 5. História militar. 6. Operações especiais (Ciência militar). 7. Operações secretas. I. Heidk, Ted. II. Título.

19-26211   CDU-001.942

Índices para catálogo sistemático:
1. Encontros entre humanos e extraterrestres: Forças de Operações Especiais: Ex-combatentes de guerra: Relatos pessoais   001.942

Maria Paula C. Riyuzo – Bibliotecária – CRB-8/7639

Edição impressa
ISBN 978-85-540954-2-0

Edição
Fernanda Lopes

Capa e editoração
Richard Veiga

INTERVENÇÃO PLANETÁRIA
1ª edição: maio de 2019
Edição em PDF: maio de 2019

Meu muito obrigado a todas as pessoas que contribuíram para este momento ímpar da minha trajetória e para o meu crescimento como pessoa.

Sou o resultado da confiança e da força de cada um de vocês, em especial a minha dedicada esposa e filhos e aos meus amigos que me deram força: Dra. Maria Auxiliadora Vaz, Dr. Luiz Felipe, José Luís Miranda, Jonathan Sardenberg, Daniel Viana Contar, Rodrigo Romo, Laura Eisenhower, Dr. Rafael Lara e Dra. Tatiana Lara.

Por fim, uma homenagem especial aos meus falecidos pais.

Ted Heidk

"Ocasionalmente, penso em quão rapidamente nossas diferenças em todo o mundo desapareceriam se estivéssemos enfrentando uma ameaça alienígena vinda de fora deste mundo. E, no entanto, pergunto-lhe, não existe uma força alienígena entre nós?"

Ronald Reagan, Presidente dos Estados Unidos da América, Assembleia Geral das Nações Unidas, 21 de setembro de 1987

ÍNDICE

PREFÁCIO

por Laura Eisenhower

E m 2006, algo muito interessante aconteceu comigo. Eu acabei encontrando alguém num evento social que me ofereceu a oportunidade de sair do planeta, literalmente. Fui recrutada para ir a Marte.

Muitas pessoas não acreditam em mim. Você pode não acreditar em mim também. Recebo e-mails o tempo todo dizendo que sou louca e outras coisas, mas isso não me incomoda. Isso me fortalece de muitas maneiras, porque a verdade não precisa de crença, apenas é o que é.

As pessoas podiam realmente ver no noticiário, naquela época, mensagens como "a fundação holandesa 'Marte' está procurando pioneiros para colonizar o planeta vermelho. Você só precisa ter pelo menos 18 anos para se candidatar". Isso estava sendo exibido na CNN.

No começo, quando ouvi o termo "ir a Marte" ou uma "colônia de Marte", achei que era algo para o futuro. Apenas uma ótima ideia que se tornaria mais noticiada com o tempo. A notícia continuou dizendo que "A empresa 'Marte' estabelecerá um assentamento humano no planeta em 2023" e também perguntava às pessoas "o que seria necessário para você deixar a Terra para sempre?".

Eu realmente não entendia os motivos ou por que eu estava envolvida ou até mesmo sendo recrutada. Então eu pensei e conclui que era algo a que eu poderia facilmente responder "não" e continuar com a minha vida feliz. Acabei me mudando para a Carolina do Norte, nos Estados Unidos, para morar com essa pessoa, levando inclusive meus filhos comigo. Como eu me integrei mais a esse estilo de vida com essa pessoa, esse assunto do recrutamento de Marte continuou voltando e ficou ainda mais urgente e extremo, no sentido de quão importante era irmos nessa missão.

Eu recebi e-mails falando sobre a data-alvo de 2012, e-mails que mencionavam tecnologias como "Looking Glass" (tablets de vidro, numa tradução livre) ou coisas chamadas "Orion's cube" (cubo de Orion). Eram assuntos que estavam apenas paivaram em minha mente como se estivesse num filme ou algo que também poderia ser descrito neste livro.

Mas como a data prevista era 2012, eu reconheci que isso era algo bem planejado à época e que para eu me afastar disso não seria fácil como eu pensava.

Descobri, depois de seis meses de relacionamento, que meu parceiro foi enviado especificamente para me atrair para este recrutamento, enquanto durante todo esse tempo eu apenas pensei que havia encontrado uma pessoa que estava envolvida no plano de ir a Marte e tinha a opção de ir ou não ir.

Quando eu descobri que havia sido especificamente intimada para ir e que, se eu recusasse, poderia ser sequestrada ou levada de qualquer maneira, eu sabia que estava lidando com algo muito pesado e não estava certa se eu iria ou não. Não me pareceu positivo, porque inicialmente pensei "bem, isso não parece uma coisa terrível para proteger o genoma humano" – essa foi a principal razão que eles me deram.

Eu só sei que tenho uma missão na Terra. Descobri que este recrutamento em Marte foi uma manipulação criada para programar as pessoas envolvidas e fazê-las acreditar que estão ajudando a humanidade. Eu vi que muitas pessoas muito bem intencionadas estavam presas a uma agenda que não está nos servindo como humanidade.

Parece-me que é exatamente o que está sendo descrito neste livro, que, de certo modo, se aplica a Ted. As escolhas que fazemos podem não estar claras no momento em que as fazemos e podem afetar nossas vidas para sempre.

... E há ainda a presença extraterrestre na Terra para comentar.

Valiant Thor, um não-humano de Vênus, supostamente se encontrou com meu bisavô, o presidente Eisenhower (34° presidente dos EUA, entre 1953 e 1961) e Nixon no início dos anos 1960. Ele apresentou sua missão, cujo objetivo era ajudar a raça humana. Como, por exemplo, começar a desligar os aspectos mais escuros do governo e que eles sentiam uma forte afinidade com Eisenhower e Nixon.

Então, Eisenhower o colocou em status VIP por três anos no Pentágono para tentar ajudá-lo a mudar este jogo todo. O projeto foi recusado e o governo decidiu que não aceitaria a ajuda desses seres de Vênus.

Esta é apenas uma das muitas histórias de seres extraterrestres na Terra. Eles não são todos positivos, acredite em mim, como você verá em instantes.

O que vamos ler neste livro é um ato corajoso de divulgação de informação. É um relato detalhado de como forças ocultas agem na Terra por meio de intervenções (ou seriam manipulações?) questionáveis em guerras; visitas a bases subterrâneas; e múltiplos encontros com entidades extraterrestres, alguns até se caracterizam como conflitos armados. Tudo dentro do nosso próprio planeta.

Aproveite a leitura. Este é mais um passo para a verdade. É mais um esforço para recuperar o controle do nosso planeta e das nossas vidas, libertando-nos do controle das forças das trevas e reconectando-nos à nossa verdadeira origem galáctica.

Laura Eisenhower

INTRODUÇÃO

Antes de mais nada, eu gostaria de deixar bem claro que qualquer informação deste livro referente à atuação de tropas nas guerras mencionadas ou não, seja ela do esquadrão secreto ou de qualquer exército no mundo, tem a intenção de expor a verdade na visão das pessoas que controlam nosso planeta.

Em nenhum momento temos a intenção de difamar a imagem dos milhares de homens e mulheres dos exércitos de diferentes países do mundo; muito pelo contrário: exaltamos, parabenizamos e reconhecemos o esforço sobre-humano e a coragem desses que fazem o juramento de defender a bandeira de seu país, seja ele qual for.

Este livro também é dedicado aos nossos militares que, sem saber que estão sendo manipulados, caem na armadilha do patriotismo e acabam lutando bravamente em uma guerra sem sentido, enquanto os poderosos colhem os frutos e os manipulam como querem, jogando com a insubstituível vida desses corajosos seres humanos.

Dito isso, vamos a algumas reflexões sobre a leitura.

Admiro muito a coragem de Ted em vir à tona com essas informações. Desde a primeira conversa que tive com ele por telefone, percebi que se tratava de uma pessoa boa de coração e com uma história forte que precisava ser contada. Por essa razão, deixei imediatamente meus outros projetos de lado e me foquei na execução deste livro para que ficasse pronto o mais rápido possível.

Mas, inegavelmente, uma história dessas não seria nada fácil de contar. Ainda mais devido ao conteúdo de algumas passagens que vem diretamente ao encontro de crendices populares como a existência de extraterrestres – ou, pior ainda, a presença deles na Terra – além de outros fatores como a manipulação de guerras e o comando de um suposto governo oculto.

Aqui, neste livro, chamaremos Ted de "Daniel" para manter uma certa distância de sua pessoa empírica e também para que eu me sinta um pouco mais livre para contar a história – que não é nada leve – até com algumas adaptações para sua melhor "digestão".

É impossível fazer jus a todo o conhecimento que Ted tem. São muitas histórias, muita informação. Por isso, qualquer livro de qualquer extensão que eu escrevesse não iria ser suficiente para tratar da história com a fidelidade e com a profundidade que ela merece. Sendo assim, tentei selecionar as passagens mais impactantes para serem contadas da forma mais leve possível, visando uma leitura fácil, mas sem perder a essência e a importância das informações apresentadas.

Mas ainda tem muito a ser contado.

É impressionante conversar com alguém que viveu exatamente tudo aquilo que eu estudo a vida toda por meio de livros. Ele esteve lá, viu tudo, viveu aquilo na pele. Foi e ainda é a sua vida. Falo isso com uma enorme certeza, pois eu e alguns amigos aos quais pedi ajuda investigamos várias informações sobre ele e também sobre o que ele relata. Todas foram confirmadas por diversas fontes. Inclusive, durante seus relatos, Ted deu detalhes de locais – inclusive descrições de relevos e coisas que seriam impossíveis para alguém que não esteve lá de fato e viveu tudo aquilo.

Tudo bate.

Mas o mais impressionante para mim foi saber da história do ser humano por trás desse combatente. Ted teve que "morrer e nascer de novo" quando saiu dessa tropa de elite oculta. Foi obrigado a reiniciar a sua vida sem nada. Não estou falando somente de dinheiro e posses. Estou falando de todos os "amigos" que ele perdeu, de todo familiar que se afastou... Mas o pior de tudo é: toda a história, conquistas e estudos que foram apagados para sempre dos históricos.

Imagine uma pessoa sem dinheiro, sem posses, sem histórico de estudos ou diplomas, com poucos amigos e somente um par de familiares para lhe apoiar, tendo que recomeçar a vida do zero. Sim, do nada. É impressionante ver como uma pessoa que possui um conhecimento descomunal de política internacional, estratégia, entre outras coisas, possa estar fazendo trabalhos manuais hoje em dia – sem, obviamente, querer desmerecer nenhuma profissão. É somente uma questão de excesso de qualificação para a função. Em inglês existe um termo para isso: *overqualified* (super qualificado, em uma tradução livre).

Ted trava uma nova batalha hoje dia. Luta para se acostumar com esse mundo "Matrix" em que vivemos, tendo todo esse conhecimento da realidade que a maioria da população mundial não tem. Luta com sua perda de memória, com as constantes ameaças que recebe para não contar a verdade; luta para sustentar uma casa com esposa e cinco filhos nos subúrbios de Brasília.

Entre o convívio com a sua realidade "pé-no-chão" do dia a dia e com relacionamentos com o alto escalão dos três poderes nacionais e internacionais, Ted vive uma vida dupla entre ser o trabalhador brasileiro que "rala" o dia todo para garantir o seu sustento e o especialista em política e estratégia procurado pelos maiores generais e políticos mundiais para conselhos e favores pessoais.

Neste livro e na história de "Daniel", você vai ver um pouco de como esse "comando oculto" recruta, treina, arma e executa missões por todo o globo. Vai ver como existem diversas bases secretas, em cima e debaixo da terra, com tecnologia muito à frente da comercializada. Vai ver como os humanos já interagem com diversas raças de extraterrestres há anos e também como existem os aliados e os inimigos. Nada de ficção científica. Vida real mesmo.

Mais do que isso, vai sentir um pouco do horror das guerras e também do que a vida do nosso protagonista se tornou por ele ter feito parte dessa tropa de elite. Vai acompanhar seu nome sumir do mapa, seus estudos desaparecerem e seu histórico ser apagado, fazendo com que ele começasse novamente do zero – sem referência ou apoio algum – nem de parte de sua família e nem dos ditos "amigos". Além das diversas ameaças realizadas quando por algumas vezes ele tentou falar alguma coisa que supostamente "não deveria". Inclusive durante a confecção desse livro.

Intervenção Planetária não é um livro de espiritualidade, nem de Ufologia ou literatura militar. Mesmo que você o leia como entretenimento, saiba que é um livro documental da história de um guerreiro brasileiro, que deu a vida a uma causa e hoje paga o preço cobrado em dobro. De um pai de família que resolveu contar um pouco do que sabe para que a sua consciência se abra para a verdade que estão querendo que seja escondida e apagada de sua memória.

Espero que gostem. Aproveitem a leitura e abram os olhos, pois não temos mais tempo a perder.

Fabio SantoS

Esse livro é baseado numa história real.

CAPÍTULO 1

SOLDADO EM CONSTRUÇÃO

Daniel Comlman nasceu com 49 cm e 2,980 g, de parto normal, numa tarde chuvosa de domingo, em meados de 1970. Seus pais tinham uma propriedade rural nos arredores da cidade de Glória de Dourados, no estado de Mato Grosso do Sul, Brasil. Ele veio ao mundo pelas mãos de uma vizinha, parteira, que foi chamada às pressas quando sua mãe entrou repentinamente em trabalho de parto naquela manhã.

Daniel é o quarto filho do casal Comlman e tem seis irmãos, sendo cinco homens e apenas uma mulher. Naquela época sua mãe, Vanessa, era dona de casa e seu pai, Yun, era um trabalhador da lavoura. Por meio da pequena propriedade que tinham obtinham seu alimento da terra e vendiam o restante na cidade mais próxima para pagar as despesas gerais da casa, como água e luz, por exemplo.

Assim, Yun viveu seus primeiros anos de vida, até que um dia recebeu um convite de familiares de Vanessa e, em 1974, se mudaram para a cidade de Brasília, capital do país. Daniel estava com quatro anos de idade na ocasião.

Seu pai era descendente de chineses e ele nunca conheceu sua família do lado paterno. O pouco que soube desse lado da família era que seu avô paterno era um oficial do exército chinês e veio ao Brasil fugido da Guerra da China com o Japão após supostamente abandonar seu serviço militar. Chegou ao país e se instalou em Aquidauana, cidade do Distrito Federal, onde ele, seu filho Yun e seus irmãos foram "adotados" por uma família de alemães.

Essa família de alemães era muito rica e sua fazenda era enorme. As terras eram de perder de vista. Mas sempre com tudo muito bem cuidado e a segurança altamente reforçada. Quando seu pai atingiu a idade de quatorze anos, ele fugiu da fazenda dos alemães para nunca mais ter contato com seus irmãos. Yun sempre contou a Daniel que todos eram maltratados e constantemente humilhados pelos alemães e ele resolveu fugir de lá na primeira oportunidade.

Daniel, então com seus quatro anos de idade, se fixou no bairro de Taguatinga Sul morando de aluguel em uma das casas dos parentes do lado da mãe. Por volta de 1978, já com oito anos de idade, mudou-se para a cidade de Ceilândia, onde passou toda a sua infância e adolescência.

Sua infância foi tranquila, apesar de humilde, sempre estudando em escolas publicas juntamente com seus cinco irmãos. Mas a história de seu pai sempre o intrigou. Yun nunca foi de falar muito, mas quando o fazia, comentava das saudades que tinha de seus irmãos. Daniel podia ver a tristeza nos olhos do pai olhando para o infinito – quem sabe até com algumas lágrimas –, seus olhos brilhavam com um tom de tristeza estampado no rosto.

Sua mãe, Vanessa, também de origem humilde, nasceu em Lavínia, no estado de São Paulo, mas Daniel não sabe dizer como ela e seu pai se encontraram. Especula-se que eles tenham se encontrado em alguma fazenda no Distrito Federal, mas o tema nunca foi pauta das discussões de família.

Daniel e seus irmãos brincavam muito de guerra. Certamente era a diversão preferida deles. Desde criança até seu alistamento no exército, já um jovem de dezessete para dezoito anos, ele sempre brincava de soldado quando possível e as brincadeiras foram ficando mais criativas conforme o tempo passava.

Quando criança, Daniel gostava de usar fósforos queimados e barro para construir trincheiras nas calhas das ruas e brincar de guerra com seus irmãos. Conforme o tempo foi passando e a inocência também, eles começaram a construir armas com canos de PVC, elásticos e pedras que conseguiam atirar a uma distância de até seis metros. Utilizavam bicicletas revestidas com caixas de papelão como tanques blindados, numa batalha na rua em frente de casa. Cada dia a brincadeira ficava mais complexa e as estratégias de ação mais interessantes.

Outra brincadeira preferida com a bicicleta e caixas de papelão era de disco voador. Daniel e seus irmãos simulavam uma invasão a Terra que teria que ser combatida, chegando até a pular da bicicleta em movimento algumas vezes para "atacar os terráqueos".

Conforme foi chegando à idade de alistamento obrigatório militar no Brasil, no ano em que completaria dezoito anos, Daniel já escutava histórias de seus primos e vizinhos que já estavam servindo no quartel da cidade. Elas eram sobre a dificuldade da então "quarentena" da época, onde todo novato deveria ficar sem sair do quartel pelos seus primeiros quarenta dias. Além disso, era comum histórias de fantasmas e outras peças que pregavam entre si. Apesar disso, Daniel sempre quis servir e nunca ligou para os contos que ouvia.

Finalmente, no ano de 1988, com seus dezoito anos, se alistou no quartel mais próximo de sua casa e pediu para ser voluntário no batalhão. Queria entrar. Não demorou muito para vir a boa notícia que seria aceito no 32° Batalhão do Exército Brasileiro – e ficaria por lá durante um ano, até 1989, o que foi comemorado não só por ele, mas também por sua família, em especial seu pai Yun que via o filho seguir os passos do avô de alguma forma.

Já nos seus primeiros dias, pegou gosto pelo tiro. Toda vez que colocava a mão num fuzil, lembrava-se de suas brincadeiras de criança com o cano, o elástico e as pedras, sentindo a arma como parte de seu corpo. Parecia que já atirava há anos!

Felizmente, quando entrou a quarentena não era mais obrigatória e com apenas uma semana de serviço pode voltar para casa. Nessa época também foi mudado o uniforme de saída, que agora seria a calça verde, coturno, camisa ogri e boina. Foi assim que chegou em casa pela primeira vez e foi recebido com um beijo no rosto pela sua mãe e com um sorriso de seu pai.

Daniel passou um ano servindo como soldado do batalhão. Sempre aplicado, com resultados em destaque e com cara de "poucos amigos" como sempre foi de sua personalidade desde criança, foi se destacando entre o grupo. Desde o começo reparou que dois tenentes conversavam mais com um grupo de pessoas do que com outros. Aos poucos, eles começaram a se aproximar dele.

Na época com dezoito anos e recém-chegado no exército, Daniel queria continuar com a boa impressão e cumprir seu sonho de seguir carreira. Foi então que numa das conversas com os tenentes, Daniel se lembrou de uma história que seu pai contava quando criança, de que um tio dele seria membro das FARC – Forças Revolucionárias da Colômbia. Um grupo tido como terrorista muito famoso na América Latina e com grande força no país vizinho. Yun contava que existia uma linha de pagamento de propina que acontecia dentro do Brasil, provavelmente para deixar entrar drogas e armamentos e o fluxo funcionar nos dois países.

Daniel então contou tudo aos tenentes. Falou de todos os detalhes que seu pai lhe contava, incluindo nomes, modus operandi, armas utilizadas, os esquemas das mulas (pessoas que são pagas para atravessar a fronteira com contrabando), locais, inclusive desenhando-os num mapa. Imaginava que assim ganharia a confiança dos tenentes, o que o ajudaria em sua carreira. Além de contribuir com a segurança de seu país, é claro. Enquanto contava sua história, começou a pensar se realmente tratava-se de um tio ou se não seria seu pai mesmo, tanto que a história era rica em detalhes. Além disso, seu pai mencionava que não tinha mais contato com seus irmãos... Como poderia saber disso, então? Mas deixou esse pensamento de lado.

A partir desse evento, ele começou a ser tratado de forma diferenciada não só pelos comandantes, mas também pelos colegas de serviço. Sua personalidade reservada e seu afinco nos treinamentos faziam com que os colegas fizessem apostas entre si para ver quem conseguiria deixar Daniel detido no fim de semana por mau comportamento ou por alguma falha. Várias brincadeiras e tentativas foram feitas, sem sucesso. Existia muito ciúmes, pois além de ficar no foco do comando, ele também era o melhor de todos em tiro, estratégia, bússola noturna, etc. Nas competições internas em times, sempre era o líder de seu grupo e, invariavelmente, seu desempenho os levava à vitória.

Daniel chegou inclusive a fazer parte de uma propaganda de alistamento que o exército fez na televisão nacional em 1989. Na ocasião, ele era mostrado fardado, com as armas na mão e servia de exemplo para a juventude. Uma voz ao fundo dizia "aliste-se já".

Chegava então o final do ano de serviço. Daniel procurou os meios oficiais para seguir carreira, pois esse sempre foi seu sonho desde menino. Decidiu fazer o curso para cabo (a próxima patente após soldado) no qual foi aprovado, mas não conseguiu vagas. Nesse momento se deparou com a realidade: somente os parentes e amigos próximos de altos oficiais ficavam com as vagas, independentemente do desempenho. Ser o melhor do quartel naquele ano não foi suficiente para que ele conseguisse uma vaga e seguisse a carreira que tanto sonhava.

Após todo o esforço que fez durante esse ano, sendo o melhor de todos em todos os quesitos do quartel inteiro, se via na situação de não ter chances de ficar no próximo período. Foi então que, já com a cabeça quente, se dirigiu ao tenente e pediu para fazer parte da primeira baixa (dispensa) no fim do ano. O tenente ainda tentou convencê-lo a reconsiderar a decisão para, quem sabe, tentar algo no ano seguinte – mas em vão. Daniel estava magoado e decidido a encerrar sua passagem pelo exército brasileiro.

Naquele dia, quando ele chegou em casa, seu pai não estava. Quando Yun chegou horas depois, disse ao filho que tinha conversado com o coronel e sua baixa seria dada. Daniel não sabe até hoje nem o motivo, muito menos o teor da conversa de seu pai com o coronel. Mas uma coisa era certa: ele não fazia mais parte do batalhão.

CAPÍTULO 2

RECRUTAMENTO E TREINAMENTO

C hegou então o dia da cerimonia de despedida dos soldados que deram baixa no ano de 1989. Daniel, apesar de ser reservado e até invejado pelos seus colegas, era uma pessoa bem quista, e ele fez questão de estar lá presente. O evento era uma tradição no batalhão e todos participavam. Na ocasião, foi cumprimentado por todos, desde colegas soldados ao coronel – aquele que tinha conversado com seu pai dias antes – e sempre elogiado. "Você vai fazer falta", era o que mais escutava de todos.

Um sargento chegou a recomendar que ele fizesse a ESA – Escola de Sargentos. Naquele momento, muito decepcionado com tudo o que havia acontecido, agradeceu a indicação, mas recusou. Já estava com a cabeça feita e a mágoa ainda se fazia presente. Agora, gostaria de focar a sua nova vida fora do exército, apesar de não saber ainda muito bem o que iria fazer.

No final da cerimonia, Daniel saiu do quartel e virou à direta na rua rumo à esquina do batalhão. Cerca de quarenta metros a sua frente, ficava o ponto de ônibus no qual teria que esperar a sua condução. Na metade do trajeto, lembrou que esqueceu sua mochila no vestiário do quartel e teve que dar meia volta. Ao chegar ao pátio, ainda restavam algumas pessoas por lá e ele foi cumprimentando e acenando a todos seus conhecidos novamente no trajeto.

Na volta, já com sua mochila em mãos, atravessou novamente todo o pátio do exército e chegou à porta do quartel. O sol era intenso, o calor era grande e o único lugar de sombra entre o quartel e o ponto de ônibus era no estacionamento do exército. De lá, ele poderia ver quando o ônibus chegasse e correria ao seu encontro, enquanto aproveitava um pouco da sombra que uma das colunas da entrada do local projetava na entrada em que estava.

Foi então que enquanto prestava atenção no nome dos ônibus, alguém o tocou no ombro por trás. Ao virar, um homem bem vestido, moreno, mais ou menos de sua altura perguntou sem dar boa tarde: "você gostaria de seguir carreira no exército?". Ele prontamente disse que sim, mas que aquele ano não seria possível; tinha acabado de sair da sua cerimonia de baixa. O misterioso homem disse então que tinha visto e que se ele realmente quisesse continuar carreira militar, que ligasse para ele que ele "daria um jeito". Deixou um papel com um telefone em suas mãos, entrou num Opala do ano cor dourada, que parou ao lado deste nesse momento, e se foi. Nesse mesmo instante Daniel avistou seu ônibus já no ponto e correu em sua direção, conseguindo pegar a condução, mas por pouco não ficou a pé novamente.

Ao entrar no ônibus, colocou o papel com o número de telefone do homem misterioso dentro do bolso de fora de sua mochila. Passariam quase três meses até que Daniel se lembrasse desse papel novamente. Durante esse período, tentou de tudo: conversou com parentes, amigos e vizinhos sobre todo o tipo de trabalho possível. Tentou ajudar parentes em suas tarefas, fez algumas entrevistas de emprego, mas não tinha jeito. Sua paixão pelo exército falava mais alto.

Foi então que um belo dia Daniel decidiu ligar para aquele número da mochila para ver no que dava. Sentia que não tinha mais nada a perder. Na primeira tentativa, a pessoa que atendeu pediu para que ele ligasse novamente no dia seguinte, no mesmo horário. Foi o que fez. Na segunda tentativa, o atendente perguntou onde ele morava e se realmente gostaria de seguir carreira militar. Ele respondeu as duas perguntas e escutou a seguinte mensagem: "Perfeito! Agora fale pouco e foque em resultados. Amanhã nos encontramos às 15 h ao lado de sua casa".

Ainda sem saber o que esperar, no dia seguinte Daniel estava na frente do comércio ao lado de sua casa no horário combinado. Foi então que o mesmo Opala do ano de cor dourada e quatro portas parou diante dele e lá dentro estavam o mesmo homem misterioso na direção e mais duas pessoas no banco de trás. Ele entrou então na vaga do passageiro e o carro partiu.

O homem misterioso agora recebeu um nome: Marcos. Provavelmente esse não era seu nome verdadeiro, mas a apreensão em não saber nem o nome das pessoas já tinha terminado. Marcos foi muito receptivo, amigável e gentil durante todo o trajeto. Conversaram sobre assuntos diversos como política, música e coisas da vida. Nada sobre onde iriam ou o que fariam.

Foi então que chegaram à Base Aérea de Brasília, ao lado do aeroporto. Uma instalação militar. Na entrada, Marcos nem parou o carro e os portões se abriram imediatamente. Ele foi dirigindo até uma das pistas e parou o carro na base da entrada de um dos aviões estacionados. Nesse momento virou-se para Daniel e disse: "tudo o que você fizer daqui para frente, não abra a boca. Seu sonho agora será realizado". Seguido de um aperto de mão e um "boa sorte", com clima de despedida. Daniel nunca mais veria Marcos novamente.

Ele saiu do carro e ficou maravilhado com o avião. Era a primeira vez que voaria em sua vida. Não soube dizer que modelo era, mas viu que a cor era cinza e de porte médio. Subiu cerca de dez degraus na escada frontal da aeronave e ao adentrar reparou que não havia muitos lugares. No total, havia cerca de dez pessoas dentro do avião e sobravam lugares. Cada um sentou num canto, pois parecia que ninguém se conhecia. Os outros, como ele, não possuíam bagagem alguma. Daniel viajava somente com a roupa do corpo e sem saber seu destino.

Já era um fim de tarde e o avião finalmente levantou voo. Uma das pessoas que parecia estar no comando por lá ofereceu bebidas e comidas a todos. Daniel recusou, pois havia comido antes de sair de casa e não sentia fome. Pouco tempo depois a aeronave pousava perto da cidade de Três Corações, no estado de Minas Gerais, Brasil. Alguns carros já os esperavam na pista e todos foram levados para uma instalação ao lado da Escola de Sargentos (ESA) da região. Curiosamente, esse era o exato local que anos depois, em 1996, seria destino do famoso "ET de Varginha" – a ESA de Três corações foi o local revelado como primeira parada dos corpos dos alienígenas supostamente capturados naquela ocasião, segundo estudos do ufólogo Marcos Petit, revelados também num dos episódios da serie brasileira "De carona com os OVNIS", exibida em 2018 no canal History.

Onde Daniel foi levado, não era exatamente dentro da ESA, mas seria um terreno ao lado onde algumas cabanas de campanha estavam montadas. Foi lá que todos se instalaram e Daniel ficou com mais seis companheiros numa das tendas. Eles forneceram roupas, alimentos e tudo que precisavam. Até então, nenhuma informação lhes foi dada sobre o motivo de estarem ali.

Os dois dias seguintes foram inteiramente dedicados a avaliações médicas, físicas e orientações em geral sobre o local e o que estava sendo feito. Comentava-se novamente na ocasião que todos deveriam guardar segredo de tudo o que vissem e ouvissem, além de não sair dos perímetros do terreno, e que estavam para receber o melhor treinamento de elite militar do mundo.

Nos quinze dias subsequentes o treinamento foi intenso. Eram exercícios físicos matinais e acompanhamento médico pela tarde. Eram tratados como uma tropa de elite, reforçavam a importância do sigilo e a expectativa de que nos próximos dias todo o treinamento seria em forma de processo seletivo eliminatório. Não haveria tolerância para falha, nem a menor que fosse. Daniel estava feliz e sentia-se em casa. Não poderia estar mais motivado com tudo aquilo e o ar de mistério só ajudava em sua convicção.

No final do período, logo ao acordarem pela manhã, todos marcharam cerca de oito quilômetros para dentro da mata até o alto de uma montanha próxima. Lá estavam três helicópteros, sendo dois de transporte e um de unidade médica. Entraram todos na aeronave e voaram por cerca de uma hora e meia. Chegaram a uma área bem isolada e não identificável, onde ficaram novamente em cabanas de campanha, por mais um mês no mesmo ritmo de treinamento e rotina de antes. Até então, algo bem similar com que Daniel havia encontrado em seu ano de serviço no exército brasileiro. Mas o clima era diferente. Seus companheiros pareciam estar num nível acima.

Um mês passou rápido e eles foram novamente deslocados. Agora, estavam em área militar no estado do Rio de Janeiro, novamente em acampamentos de campanha, onde ficaram três dias em treinamento focado em armas como M-16, FAL 762 e pistolas 9 mm. No fim das setenta e duas horas, embarcaram num avião com destino a Amazônia. Por lá, os sete recrutas ficaram cerca de noventa dias em treinamento de combate e sobrevivência na selva. Esse treinamento é tão feroz que de cada dez militares estrangeiros que o fazem em terras brasileiras durante intercâmbios com o exército brasileiro, somente três o completam. Dos sete recrutas que chegaram a Amazônia naquele ano, somente Daniel e mais dois companheiros completariam o treinamento.

Assim, os três aprovados seguiram de avião para o 5º Distrito Naval na praia do Cassino no estado do Rio Grande do Sul, onde passaram alguns dias fazendo treinamentos de paraquedismo, para logo após embarcarem novamente para a divisa da Patagônia argentina com a Chilena, no extremo sul do continente americano, para passarem os próximos sessenta dias em treinamento anfíbio, o chamado COMANF – manobras em terra e na água, incluindo mergulho profissional de combate militar. A rotina se intensificava e Daniel estava maravilhado com tudo aquilo.

Todos os três foram aprovados até então e seguiram para a base militar de Tangara da Serra, no estado do Mato Grosso, para treinamento em altas temperaturas. Era perto do verão e os exercícios eram feitos com equipamentos que pesavam cerca de vinte e sete quilos, e muitas vezes os recrutas ficavam completamente cobertos. Definitivamente Daniel viu seu corpo atingir todos os seus limites nos quarenta e cinco dias que passaram por lá enfrentando temperaturas de mais de quarenta graus Celsius todos os dias. Nesse momento, além dos três recrutas, estavam juntos o tempo todo mais oito membros da equipe de apoio, incluindo instrutores, médicos e socorristas.

Novamente, após a conclusão do curso, voaram todos para uma cidade remota entre os estados de Goiás e Tocantins. Mas, dessa vez, voltaram à sala de aula para instruções teóricas de combate. Falaram intensamente nos próximos vinte dias sobre detalhes em armamentos, como desarmar bombas e estratégias de combate. No final, uma prova escrita foi feita com os três e novamente foram aprovados.

Ao final do ano de 1991, quando se aproximava o fechamento do treinamento teórico, um oficial entrou na sala de aula e disse que havia um chamado emergencial e todos ali estariam convocados e teriam uma hora para se arrumarem. Sem saber para onde iriam, como sempre, seguiram de avião para a base aérea militar de Cuiabá, no estado do Mato Grosso, onde pegaram outro avião do modelo Hércules com destino a Gibraltar, no ponto europeu mais próximo do continente africano.

Chegando a Gibraltar, os três recrutas desembarcaram e ficaram enfileirados esperando o comando por horas, quando finalmente foram separados para nunca mais se encontrarem. Daniel pegou um voo para um país próximo onde aguardou instruções por três dias e então foi levado a uma base da Legião Estrangeira na França.

Chegando lá como único brasileiro, ele teve contato com mais recrutas de outros países como Estados Unidos, Inglaterra, França, Espanha, etc. Podia observar gente do mundo todo através das bandeiras em seus uniformes. Ele foi colocado num time de treinamento com mais um americano e um inglês. Daniel não falava o idioma, mas foi aprendendo aos poucos com a ajuda e boa vontade de seus companheiros. No começo, comunicava-se por gestos e depois foi aprendendo as primeiras palavras até conseguir se comunicar razoavelmente. Ficou por lá mais ou menos dez dias quando então foram chamados a embarque novamente.

Daniel e os dois companheiros vestiram então uniformes da OTAN – Organização do Atlântico Norte e seguiram de voo para a Bósnia. Eles foram informados que se tratava de uma missão de combate e que mais detalhes lhes seriam dados na chegada.

O pouso foi feito no alto de uma montanha, numa pista bem curta. Parecia que o piloto e o avião estavam acostumados com a dificuldade do local. No desembarque, Daniel avistou quatro tendas do estilo campanha – as mesmas de seus treinamentos no Brasil. Os três dias seguintes seriam de instruções sobre o conflito local entre Sérvios, Bósnios e Croatas e o que deveriam fazer caso fosse necessário utilizar a força em favor de qualquer um deles. Não era claro "de que lado" eles estavam. Claramente eles estavam dentro de uma área de conflito intenso, sem mocinhos ou bandidos.

Os check-ups médicos eram diários em todos os trinta e seis homens que compunham aquele batalhão de elite naquele momento, onde Daniel era o único brasileiro.

No fim dos três dias de informações e exames, um fato curioso. Daniel viu chegar agentes americanos que usavam uniformes da NASA (agência espacial), FBI (polícia federal) e CIA (central de inteligência). Esses agentes passariam os próximos quatro dias conversando com todos os trinta e seis homens presentes no acampamento sobre instruções no caso de avistarem OVNIS (objetos voadores não identificados), desde quais equipamentos usarem até procedimentos em caso de queda e extração de veículos, parte deles ou até de possível ocupante. Reparem que nesse momento não foi dada nenhuma informação sobre extraterrestres, até porque OVNIS são aeronaves não identificadas e não necessariamente de outro planeta.

Naquele momento, Daniel pensou que pudesse ser de algum país ou países que estariam interferindo no conflito local sem o aval da OTAN, mas nas últimas três horas de "briefing" os agentes mencionaram que era possível o encontro com entidades "não humanas". Questionados, mostraram a toda a equipe fotos de diferentes tipos de entidades, seguido de algumas recomendações tais como: não tocar nas entidades com mãos limpas (usar sempre as luvas), proteger áreas com risco de exposição como pescoço, pés, ombros e mãos, não respirar próximo às criaturas – manter sempre um metro de distância, no mínimo, entre outros.

Após um dia de descanso, na tarde seguinte, todos foram chamados na cabana de briefing e foi dado o seguinte recado: "vocês terão uma missão para essa noite. Vamos subir a montanha localizada a noroeste do acampamento. Temos uma suspeita de genocídio". Nesse momento, um guia local militar foi apresentado para falar sobre o terreno e os detalhes do caminho a todos. Com todos os agentes, médicos e militares naquele momento, o grupo somava cinquenta e cinco pessoas.

Assim começava a primeira missão oficial de Daniel nessa tropa de elite.

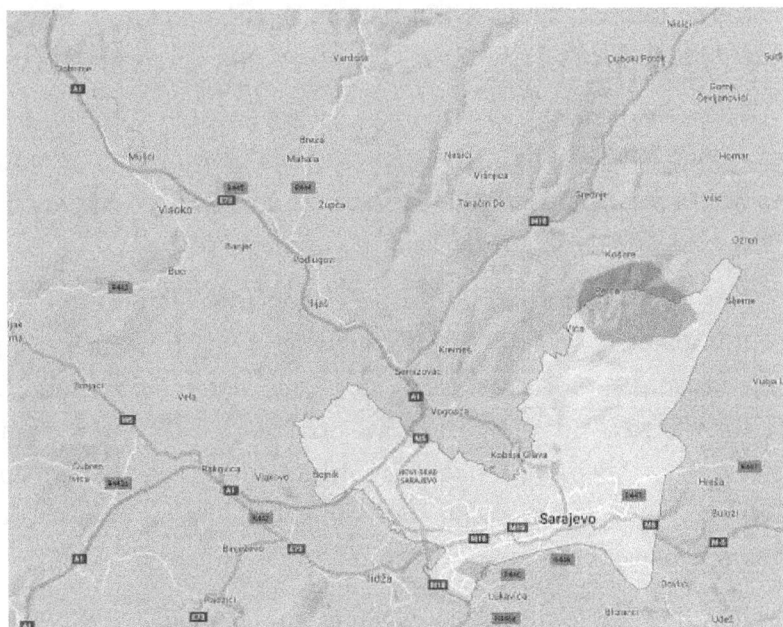

FIGURA 1: A capital da Bósnia Sarajevo e, ao noroeste, a cidade de Visoko, local aproximado da tropa.

CAPÍTULO 3

A PRIMEIRA MISSÃO

A base onde o comando estava localizava-se num vale perto da cidade de Visoko, a noroeste da capital da Bósnia, Sarajevo. Nesse local, foi preparado um espaço do tamanho de cerca de dois campos de futebol (200 m x 100 m) e de lá partiam os voos de helicóptero até os locais de combate.

Toda a equipe já estava preparada. Saíram do local do *briefing* final e caminharam todos até os helicópteros que já estavam esperando com os motores ligados. Levantaram voo até uma área próxima ao lago Modrac, ao lado da cidade de Tuzla, no nordeste do país.

Chegando ao local para as instruções finais, lhes foram entregues os equipamentos necessários para a missão. Era a primeira vez que Daniel via aquele tipo de tecnologia. O que mais lhe chamou a atenção foi o capacete que tinha uma câmera digital com sensor de movimento e outra câmera digital no seu fuzil. As duas estavam ligadas a um tipo de HD externo implantado no capacete para colher as informações em tempo real.

Hoje em dia pode ser muito comum e simples essa informação, mas nesse momento o ano era 1993. Não existiam câmeras digitais comercializadas para a população comum, apesar de que a tecnologia já tenha sido apresentada nos anos 70.

Alguns oficiais ficaram junto aos helicópteros nesse novo acampamento e trinta e seis homens, incluindo Daniel, partiram em marcha em direção montanha próxima. Ao adentrar na mata, o comandante passou um rádio para o acampamento principal pedindo um reforço na retaguarda. Minutos depois, chegaram mais de 100 homens da guarda da OTAN, em missão conjunta com a ONU, que tiveram suas instruções de ficar cerca de trinta metros atrás do comando de elite. Assim o fizeram.

O comandante da tropa de elite então instruiu seus homens a manter a calma em qualquer situação, evitar dar tiros sem necessidade e que estivessem sempre alerta, inclusive ajudando seus companheiros no caso de alguma dificuldade em relação às instruções dadas. Nesse momento colocaram suas máscaras, passaram a se comunicar apenas por sinais e partiram então em formação subindo a montanha.

Chegando quase ao topo, observaram algo que Daniel nunca mais vai esquecer em sua vida. Uma criatura não humana, de estatura baixa (cerca de pouco mais de um metro de altura), que recolhia corpos humanos do que possivelmente tenha sido um confronto entre sérvios e rebeldes. Havia corpos para todos os lados. Esse ser os empilhava numa espécie de "caixa" que abrigava dois corpos na parte de cima e dois corpos na parte de baixo – parecia algum tipo de preparo para transporte, como um container de navio.

A unidade de elite ficou observando o trabalho desse ser por cerca de quatro minutos. Foi então que a criatura percebeu que estava sendo vista. Nesse momento, Daniel tirou uma foto com seu fuzil que apontava para a entidade (figura 2).

Nessa imagem acima é possível ver a criatura ainda com um fuzil na mão, o qual foi retirado de um dos corpos que transportava. Nas pedras do chão ao seu redor, ainda se vê o resto de sangue que era drenado dos corpos antes de serem retirados do local.

O comandante, nas instruções ao pé do morro, tinha deixado bem claro: a missão era a captura, vivo ou morto. Foi então que começou o caos. Tiro para todos os lados. Mais duas criaturas surgiram por detrás das pedras. Os três seres se movimentavam com uma velocidade que pegou a todos de surpresa. Apesar de seu tamanho, eles eram bem rígidos e fortes e começaram a golpear com espantosa força e violência os soldados mais próximos.

FIGURA 2: O ser fotografado pelo fuzil de Daniel (foto original).

Como os três seres se viram encurralados no topo da montanha, a sua única saída era pelo caminho por onde a tropa subia. Um dos seres passou ao lado de Daniel numa grande velocidade e esbarrou em seu fuzil. Nesse momento, com a imensa violência do tranco, ele caiu no chão quase desacordado.

Quando recuperou a consciência alguns minutos depois, os três extraterrestres já tinham desaparecido e um estranho silêncio se fazia naquele instante. O saldo? Entre a tropa de elite que estava na frente e o apoio tático da OTAN na retaguarda, foram setenta e três mortos no confronto e quinze desaparecidos. Da unidade de Daniel, foram cinco óbitos. Um deles, o americano que havia feito o treinamento em seu grupo mais próximo alguns dias antes.

Daniel não entendeu muito bem o que aconteceu. Aliás, ninguém entendia. Como poderiam três seres daquele tamanho ter tamanha velocidade e forca para matar mais de setenta homens preparados para combate? Era impressionante ver os corpos somente com hematomas externos, sem nenhuma perfuração. O impacto era tão forte, que rompia os órgãos internos. Nenhuma arma, nenhum tiro foi dado pelas criaturas "não humanas", das quais nenhuma foi capturada.

Levaram os feridos de volta ao acampamento. Daniel tinha somente algumas escoriações em seu lado esquerdo devido à queda, mas nada que preocupasse. Todos os sobreviventes ficaram três dias em observação no acampamento devido ao contato físico com aqueles seres. Nesse tempo, diversos questionamentos e interrogatórios sobre a missão foram executados por aqueles mesmos agentes da NASA, CIA e FBI que deram o *briefing* da missão horas antes no acampamento.

Daniel não tinha reparado antes, mas dessa vez prestou atenção. Os agentes tinham uma aparência não muito comum. Eram todos altos, loiros e os olhos um tanto quanto amarelados. Pele branca, quase pálida e uma voz com tom bem grave que certamente se faziam ouvir em grande distância sem a necessidade de equipamentos eletrônicos.

Passados os três dias, todos voltaram de helicóptero ao acampamento perto de Visoko para seguir com os treinamentos e aguardar novas instruções.

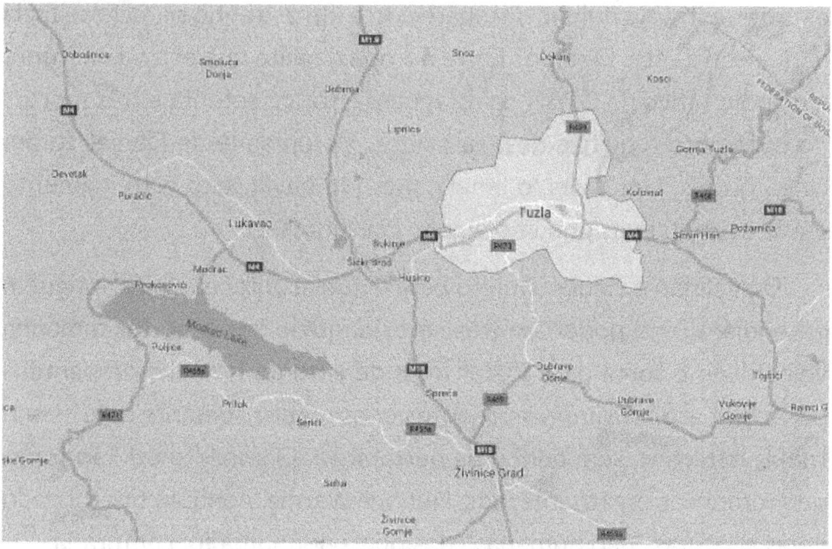

FIGURA 3: A cidade de Tuzla, na Bósnia, e o lago Modrac, na região do combate relatado.

CAPÍTULO 4

AS MISSÕES SEGUINTES

D urante um bom tempo, Daniel e seus companheiros de batalhão de elite atuaram em diversos conflitos regionais nas guerras que aconteciam na época, normalmente em apoio às tropas da ONU (Organização das Nações Unidas) e da OTAN (Organização do Tratado do Atlântico Norte). As missões normalmente eram focadas em objetivos que não seriam bem aceitos pelo publico em geral, mas amplamente executados nesse tipo de situação.

Um bom exemplo foi sua missão seguinte logo após a volta ao acampamento de sua estreia em combate pela tropa e o estranho conflito com os seres não humanos. Ela foi focada na eliminação de células de combate de rebeldes sérvios. Missão de execução mesmo, atirar para matar. A unidade invadia o local informado e executava a tiros todos os seus membros. Daniel era um soldado e fazia o que lhe era passado pelo comando, sem questionar. Exatamente como funciona num comando militar, principalmente em situações de guerra e conflito.

É importante entender o que se passava na Bósnia naquele período, através do texto abaixo tirado da página do Wikipedia.

A Guerra da Bósnia foi um conflito armado que ocorreu entre abril de 1992 e dezembro de 1995 na região da Bósnia e Herzegovina. A guerra foi causada por uma combinação complexa de fatores políticos e religiosos: o fervor nacionalista, crises políticas, sociais e de segurança que se seguiu ao fim da Guerra Fria e a queda do comunismo na antiga Iugoslávia e envolveu os três grupos étnicos e religiosos da região: os sérvios cristãos ortodoxos, os croatas católicos romanos e os bósnios muçulmanos. É o conflito mais prolongado e violento da Europa desde o fim da II Guerra Mundial, com duração de 1.606 dias. A guerra durou pouco mais de três anos e causou cerca de 200.000 vítimas entre civis e militares e 1,8 milhões de deslocados.

Seus últimos quinze dias na Sérvia foram de atividades bem intensas. Praticamente uma missão por dia e quase sempre passavam por situações inusitadas. Seus treinamentos, desde o primeiro dia de recrutamento, além de envolverem habilidades físicas de tiro, resistência e resiliência, também englobavam a parte psicológica da tropa. Eles eram treinados para se "desumanizar", ou seja, para suprimirem seus sentimentos em torno de qualquer situação e focarem somente na missão. Não exclusivamente pelo impacto emocional de um encontro com os seres não humanos, mas também por todas as consequências do que presenciam numa guerra. A compaixão poderia levar a um erro estratégico ou a hesitação, a qual poderia levar à morte.

Numa das missões durante esses últimos dias no país, Daniel e sua tropa estavam chegando em formação a uma pequena cidade. De longe, avistaram via binóculo militar especial que alguns rebeldes tinham conquistado o vilarejo e podiam ver também diversos corpos espalhados por todas as ruas. Alguns deles ainda estavam em comemoração, dando tiros ao alto e se abraçando. Conforme foram se aproximando, tiveram a percepção real do que estava acontecendo. Eram exatos quarenta e três soldados rebeldes fortemente armados, que tinham exterminado todos os homens e crianças do local. Sobraram somente as mulheres, as quais eram friamente estupradas por alguns, para em seguida serem mortas pelos seus estupradores com um tiro na cabeça.

Daniel e sua tropa observaram o acontecido e indagaram o comandante sobre qual ação tomariam. O comandante checou via radio com a central, a qual respondeu prontamente que a decisão era de não interferência, pois o acontecido não tinha qualquer relação com a missão da tropa e as consequências da possível interferência não contribuiriam em nada com seus objetivos, além do risco desnecessário de baixas. Seria uma distração.

Daniel, apesar de revoltado por dentro e desejando atirar na cabeça de um a um dos criminosos, teve que obedecer a ordem e recuar de volta ao acampamento mais próximo junto com seus companheiros. Todos ali eram treinados para não sentirem compaixão, pois situações como essas eram corriqueiras e eles não podiam desviar a atenção e o foco na missão que lhes era dada. Eram tratados como robôs pelo comando, interessando somente executar o que lhes era comandado. Nada mais que isso.

No fim desse período na Bósnia, a unidade de elite completa foi transferida para o sul do Iraque, quase na divisa do Kuwait, a oeste da cidade de Zubayr. Ali já existia à beira do deserto um acampamento nos mesmos moldes de campanha dos anteriores, com tendas que serviriam de dormitório, hospital, refeitório e salas de interrogatório e *briefing*.

O Iraque nessa época estava recém-saído da chamada Guerra do Golfo. O texto explicativo abaixo saiu do Wikipedia e serve como referência da situação na ocasião.

> *A Guerra do Golfo (2 de agosto de 1990 até 28 de fevereiro de 1991) foi um conflito militar travado entre o Iraque e forças da Coalizão internacional, liderada pelos Estados Unidos e patrocinada pela Organização das Nações Unidas, com a aprovação de seu Conselho de Segurança, através da Resolução 678, autorizando o uso da força militar para alcançar a libertação do Kuwait, ocupado e anexado pelas forças armadas iraquianas sob as ordens de Saddam Hussein.*

Segundo o site BBC Brasil, *em junho de 1993, o presidente americano Bill Clinton autorizou ataques aéreos contra sedes do serviço de inteligência iraquiano, em resposta à tentativa de assassinato do ex-presidente George Bush no Kuwait, dois meses antes.*

O site *Correio da Manhã* de Portugal relata assim o atentado:

> *A tentativa de assassinar George Bush pai consistia em fazer explodir um carro carregado de explosivos quando o antigo presidente dos EUA chegasse ao Kuwait em 1993, naquela que seria a sua primeira visita ao emirado após a Guerra do Golfo de 1991. Segundo os serviços secretos norte-americanos e kuaitianos apuraram na altura, caso este plano falhasse, estava prevista a explosão de outro carro armadilhado próximo do local onde George Bush deveria receber um diploma 'honoris causa', existindo ainda uma terceira alternativa, que consistia num atentado suicida. Após terem sido detidas no Kuwait várias pessoas relacionadas com este*

caso, e no seguimento das investigações realizadas, a CIA e o FBI concluíram que os explosivos que os terroristas se preparavam para utilizar tinham sido fornecidos pelo Iraque e que os serviços secretos de Bagdá estavam implicados.

As missões do comando de elite eram basicamente de minar a resistência iraquiana ligada informalmente ao governo do então presidente Saddan Hussein. Essa resistência era formada na sua essência por ex-militares do exército, pessoal bem experiente da época da guerra contra o Irã (1980-1988), em células que continham de três a doze pessoas. A razão para esse número pequeno de combatentes por unidade era dificultar o rastreamento de suas ações e a flexibilidade de atuar em missões cirúrgicas, entrando e saindo sem serem vistos.

Daniel e seus companheiros atuaram também nesse tempo em território iraquiano, no treinamento de clãs que eram contra o governo e, portanto, a favor da ONU e seus aliados da OTAN.

Após diversas missões de eliminação de células das milícias, com e sem a parceria com os clãs anti-governo (O Talibã na época era um deles), o comando de elite se dirigiu para a região do deserto para um treinamento de sobrevivência com soldados da OTAN, o qual duraria cerca de um ano. O clima e a geografia da região não eram em nada parecidos com o que os soldados norte-americanos e europeus estavam acostumados. Já visando operações num futuro próximo, a OTAN pediu ao comando de elite que suas tropas fossem treinadas e o pedido foi executado. Daniel então tornou-se um dos instrutores do treinamento.

Durante esse ano no deserto, Daniel foi convocado para missões durante três ocasiões e todas com um mesmo objetivo. Procurar um artefato chamado Vimana. Ela é uma espécie de disco voador tal qual descrito na literatura hindu. O significado dessa palavra varia, mas basicamente quer dizer "templo" ou "palácio de um deus".

No desenho abaixo, se vê um corte vertical de uma Vimana descrito no livro Hindu Ramayana.

RUKMA VIMANA

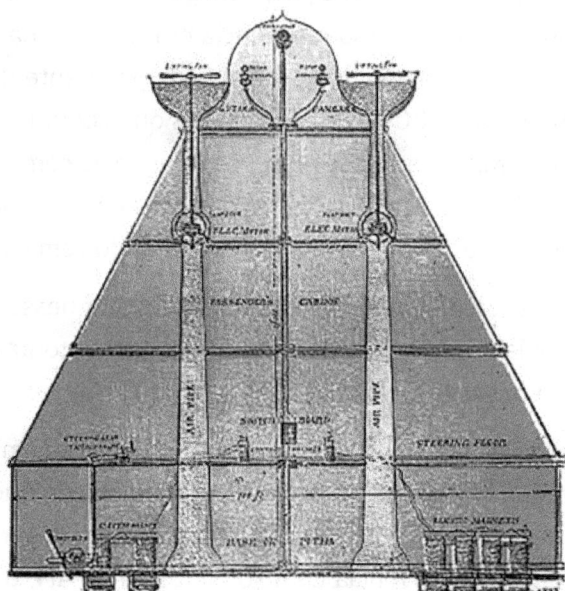

VERTICAL SECTION

Drawn by
T. K. ELLAPPA,
Bangalore.
2-12-1923.

Prepared under instruction of
Pandit SUBBARAYA SASTRY,
of Anekal, Bangalore

FIGURA 4: Desenho da Vimana segundo tradição Hindu. Crédito: Internet.

Nas três missões que Daniel participou em território iraquiano, duas delas encontraram as Vimanas. Os prováveis locais eram dados pelo setor de inteligência que os localizava via satélite e a tropa ia lá para assegurar que o artefato estaria realmente no local, além de deixá-lo pronto para a extração e transporte, também fazendo a segurança de todo o procedimento. Normalmente, elas estariam enterradas em ruínas ou montanhas e o time deixava tudo pronto para que uma equipe de cientistas então viesse e a retirasse do local.

Outra equipe conseguiu encontrar a terceira Vimana que o time de elite a qual Daniel pertencia não encontrou. Ele soube alguns dias depois durante o treinamento, pois um colega comentou. Parece que nesse caso a extração foi extremamente difícil e a Vimana foi danificada, mas não foram dados maiores detalhes.

Finalizando o treinamento de sobrevivência no deserto iraquiano com sucesso, Daniel e seus companheiros embarcaram para a Síria, onde passariam uma semana de "ambientação", conforme palavras do comandante. Nada de novo, somente treinamento de rotina.

Após essa semana, passaram alguns meses no Líbano também fazendo missões de eliminação de resistências e intervenções cirúrgicas em conflitos locais. Basicamente o mesmo *modus operandi* das missões no Iraque.

Numa dessas missões, enquanto a tropa estava se aproximando de um vilarejo libanês por uma trilha em meio a montanhas rochosas e florestas, foram avistados diversos rebeldes bloqueando o caminho. Imediatamente, a tropa entrou em formação de combate e minutos depois começou o tiroteio.

O combate se fez quando a tropa de Daniel estava subindo um dos morros locais e no meio do tiroteio entrou na floresta mais próxima para camuflagem. Os rebeldes se encontravam lá em cima e vinham atirando morro abaixo. Então Daniel, que estava atirando a esmo para ver se fazia com que os rebeldes recuassem um pouco, passou ao modo "tiro certo" – onde o soldado passa a atirar para matar um a um.

Conforme Daniel ia atirando, ele recuava um pouco e se escondia atrás das árvores para se proteger entre tiros. Foi desse jeito, atirando devagar, mas matando um a um, pacientemente. Num desses momentos, ele escorregou, tropeçou num galho que estava no chão perto da árvore e caiu. Nesse momento, ele foi rolando morro abaixo e sentiu uma espécie de "gelatina" envolver seu corpo repentinamente. Era algo estranho. Conforme ia rolando, em momentos via o céu e em outros momentos o chão. Num desses momentos olhando o céu, percebeu algo estranho. Era como se uma nuvem em formato de disco com a cor meio "leitosa" estivesse logo acima dele. Percebeu então que não escutava mais os tiros de antes. Daniel foi parando devagar ficar totalmente de barriga para baixo, imóvel.

Naquele momento, Daniel pensou que estivesse morto. "Então é assim que é morrer", pensou. De bruços ainda, envolto na "gelatina", percebeu que estava numa grama alta, diferente do terreno em que estavam antes, onde a terra seca cercava as árvores na montanha. Na sua cabeça se passava um filme: toda sua vida, sua família, tudo o que aconteceu até aquele momento. Isso só reforçava ainda mais a ideia de que tinha morrido.

Enfim, levantou-se e a maior parte da "gelatina" escorreu para o chão ao seu redor. Para sua surpresa, não havia ninguém a sua volta. Ele não estava no mesmo local do combate. Daniel ainda não tinha certeza se estava vivo ou morto.

Passados alguns segundos, uma viatura militar com quatro supostos oficiais chegou ao local. Eram um médico e três soldados, pelo uniforme. Daniel, assustado, apontou sua arma em direção a eles, pois não sabia se se tratava de impostores, um confronto com soldados inimigos ou não.

Um dos soldados da viatura pede para Daniel se acalmar. Ele então avisa que não vai baixar a arma e pede pela senha, pois vai atirar. Essa senha era uma frase que os soldados das operações especiais sabiam para se reconhecerem caso estivessem em situação de resgate ou algo parecido. O líder da viatura respondeu a senha corretamente e Daniel abaixou seu "gelatinoso" fuzil.

A viatura era composta de quatro lugares na parte frontal do veículo (um motorista e três passageiros) e um módulo de transporte na parte detrás, como uma ambulância. Daniel foi levado a essa parte de trás onde estavam mais dois médicos. Dois soldados continuaram na parte da frente e outros dois ficaram com Daniel e os outros dois médicos na parte de trás, pois foi comunicado a ele que exames precisariam ser feitos imediatamente.

Daniel então perguntou onde estava, quis saber de seus companheiros e contou brevemente o que havia acontecido. A resposta de um dos médicos foi que ele tinha sido transportado para aquele lugar e que havia ocorrido algumas alterações genéticas em seu corpo, por isso a urgência dos exames. Além disso, explicaram que ele foi achado pelo implante intercutâneo de localização que todos os soldados especiais possuem em seu corpo. Daniel foi achado a mais de 250 km do local da batalha. Não deram maiores detalhes.

Enquanto o veículo seguia seu caminho, seja lá para onde estaria indo, os soldados recolheram sua roupa, suas armas e guardaram tudo em recipientes etiquetados de isolamento. Daniel então vestiu um macacão azul marinho liso e começou seus exames físicos ali mesmo. Quando tentou puxar mais conversa com os soldados, foi alertado por um deles através de um movimento de olho que havia algumas câmeras no veículo observando tudo que acontecia e que deveria ficar em silêncio. Foi o que fez.

Daniel começou então a observar o que sentia em relação ao caminho que o veículo fazia. Alguns instantes percebia que transitava em asfalto, mas em outros tinha a clareza de estar em estradas de terra ou pedras, pois a trepidação era maior. Depois de algumas horas nessa situação, ele começou a perceber que de tempos em tempos sentia um "frio na barriga", como se o veículo estivesse descendo alguma via íngreme numa velocidade razoável para causar tal sensação.

Após alguns minutos o veículo parou. Abriram-se as portas traseiras e eles desceram. Daniel encontrava-se numa espécie de garagem grande, sem janelas ou qualquer abertura que pudesse passar alguma claridade para dentro. Foi levado à porta de pedestres localizada nos fundos do recinto e percebeu que certamente ali se tratava de uma base militar, pois a segurança era forte e todos estavam fardados e fortemente armados. Todas as portas eram duplas e a segunda porta abria somente quando a primeira fechasse. Câmeras para todos os lados. Soldados armados em todos os cantos. Para passar de um recinto a outro, somente algumas pessoas autorizadas iriam à frente e usavam suas digitais e também a íris dos olhos, quando se tratava provavelmente de salas mais seguras, ambientes confidenciais de acesso ainda mais restrito.

Daniel passaria então cerca de três dias dentro dessa base subterrânea fazendo exames físicos, sem maiores notícias do ocorrido, de onde se encontrava ou de seus companheiros e passando por intermináveis interrogatórios. Num desses momentos de questionamentos, ele se lembrou do momento em que viu aquela "nuvem" com formato de disco e aparência meio "leitosa" enquanto rolava morro abaixo envolto da "gelatina". Naquela hora teve a clareza da visão: certamente se tratava de uma nave. Veio a imagem detalhada do veículo e conseguiu recordar do fundo da nave com seus detalhes de cores, luzes e tamanho. Por alguma razão, ele resolveu não contar tudo o que aconteceu aos oficiais. O sentimento não era de total confiança e sentia que algo não estava certo.

Após as setenta e duas horas, Daniel foi levado de volta ao acampamento de sua tropa pelo mesmo veículo e teve os mesmos sentimentos da vinda, somente com a sensação de estar "subindo" dessa vez através da pressão gravitacional. Cerca de 45 minutos depois, estava no acampamento com os demais recrutas das forças especiais.

Foi então que, na sua chegada, como se estivessem esperando por ele, foram transferidos para a Somália.

CAPÍTULO 5

FALCÃO NEGRO EM PERIGO

O filme *Black Hawk Down* ou "Falcão Negro em perigo", em português, foi dirigido por Ridley Scott e lançado no ano de 2001, ganhando inclusive o Oscar – premio maior da academia de cinema mundial – por melhor mixagem de som. Ele relata uma operação baseada numa história real em outubro de 1993 na Somália, durante a Guerra Civil na chamada batalha de Mogadíscio. Segundo o filme, uma força de elite americana foi enviada ao local para capturar generais que obedeciam ao líder somaliano Mohammed Farah Aidid. Porém dois helicópteros UH-60 Black Hawk foram derrubados e a operação, que deveria levar em torno de meia hora, tornou-se uma batalha de 15 horas, terminando com 19 soldados estadunidenses mortos e 73 feridos, além de 1.000 somalianos mortos, segundo estatísticas oficiais.

Vamos entender o contexto, segundo o texto abaixo do Wikipedia, que resume muito bem o conflito retratado no filme.

Em janeiro de 1991, o ditador da Somália, Siad Barre, foi deposto. Sua saída deixou um vácuo de poder que levou o país a uma anarquia completa. Os clãs e milícias que lutaram juntos para derrubar o ditador começaram a voltar-se uns contra os outros pelos espólios do poder, dando início a uma nova e sangrenta guerra civil. Só entre setembro e dezembro de 1991 pelo menos 20 mil pessoas foram mortas ou feridas nos combates. A capital Mogadíscio foi palco de intensas lutas entre diversos grupos e acabou em ruínas. Um dos mais poderosos senhores da guerra somali, Mohamed Farrah Aidid, queria o poder absoluto e assumiu o controle de boa parte de Mogadíscio e de grandes porções da zona rural somali. Suas milícias atacavam postos de ajuda humanitária, confiscando mantimentos destinados a população. Suprimentos como comida e remédios eram vetados para áreas controladas por grupos rivais ao dele. A situação humanitária no país, que já era ruim, se tornou caótica e estima-se que 300 mil pessoas morreram, principalmente de inanição.

A ONU respondeu à crise política e humanitária na Somália e enviou a operação UNOSOM I. Os Estados Unidos lançaram suas próprias operações, como a Provide Relief ("Providenciar Conforto") e a Unified Task Force (também chamada "Operação Restaurar Esperança"), liderada pelo corpo de fuzileiros navais. Ainda assim, o número de mortos (em dezembro de 1992) chegou a quase 500 mil pessoas, com outros 1,5 milhões sendo expulsos de suas casas.

Em março de 1993, foi lançada então a UNOSOM II, com o objetivo de reinstaurar a ordem na Somália. Mas assim como a missão anterior das Nações Unidas, o progresso foi lento ou quase imperceptível. Neste mesmo mês, uma iniciativa de paz alcançou um entendimento entre os principais grupos da guerra civil, mas a facção de Mohammed Farrah Aidid se recusou a aceitar os resultados das conversações. Em junho, os *americanos começaram a lançar operações militares pontuais para tentar capturar Aidid. No mês seguinte, um helicóptero americano AH-1 Cobra disparou contra um complexo onde simpatizantes de Aidid supostamente estariam reunidos. Pelo menos 60 pessoas foram mortas. Quatro jornalistas estrangeiros foram mortos também. Esta ação trouxe condenação internacional para a missão da ONU e civis somalis começaram a nutrir desconfiança e até ódio com a presença militar americana no país. Em 8 de agosto de 1993, possivelmente em retaliação, uma bomba explodiu durante uma patrulha de soldados americanos, matando 4 militares. Os Estados Unidos já haviam reduzido substancialmente sua presença na Somália, mas este atentado forçou o presidente Bill Clinton a responder. Ele ordenou que tropas especiais da JSOC, especialmente homens da Força Delta e dos Rangers (unidades de elite das Forças Armadas dos Estados Unidos), sob comando do general William F. Garrison, se deslocassem para o território somali com o propósito de capturar ou matar Aidid. Contudo, após semanas de incursões infrutíferas, Garrison passou a ser pressionado mais veementemente por resultados.*

Daniel comenta que cerca de setenta por cento do que é relatado no filme não é verdadeiro, pois ele estava lá acompanhando quase todo o tempo através de monitores especiais, cerca de vinte e cinco quilômetros de distância ao norte da capital Mogadishu. Ele ainda acrescenta que o real motivo da presença militar na região era dar cobertura a seu time de elite, pois já no segundo dia no país receberiam uma missão um tanto quanto estranha. Os times dos SEALS (elite da marinha Americana) e os DELTAS (forcas especiais americanas) sempre questionavam seu comando do por que a tropa de elite a qual

Daniel pertencia possuía armas, equipamentos e aeronaves em maior quantidade e melhor qualidade do que eles, sem resposta satisfatória. Estavam sempre tentando puxar uma conversa para tentar obter informações dos soldados de elite, obviamente sem sucesso.

FIGURA 5: Tripulantes do *Super 64*, o segundo helicóptero americano derrubado durante a batalha. Da esquerda para a direita: Winn Mahuron, Tommy Field, Bill Cleveland, Ray Frank e Mike Durant. Fonte: Wikipedia.

O estopim do conflito foi observado por Daniel e a equipe. Dias antes do famoso conflito, tudo estava bem. Foi quando seis soldados que estavam de folga do batalhão estadunidense resolveram ir se divertir na cidade. Não demorou muito para arrumarem confusão e começar um tiroteio num bar local. O problema é que um dos mortos do lado somaliano era o filho de um dos chefes mais poderosos da guerrilha. O fato serviu de estopim e a vingança veio na famosa batalha quatro dias depois desse fato.

Daniel e seus companheiros observam pelo monitor que as tropas americanas não encontraram em suas incursões pela cidade nenhum armamento pesado nas mãos dos rebeldes. Observou soldados atirando a esmo, enquanto os rebeldes se posicionavam estrategicamente em cima dos edifícios, executando tiros certeiros. A resposta era com rajadas de balas que acertavam civis, incluindo mulheres e crianças, as quais entraram nas estatísticas oficiais como sendo parte dos "1000 rebeldes abatidos no confronto", além de outros detalhes omitidos pelas autoridades oficiais. Além disso, um dos helicópteros que caiu não foi derrubado, mas teve um problema mecânico. O consenso na tropa de Daniel era que a missão tinha sido mal avaliada e precocemente autorizada pelos generais, pois os soldados mostravam falta de conhecimento do *modus operandi* dos rebeldes e também da geografia da região. Apesar do ocorrido, eles estavam a postos caso fosse chamados para reforço, o que não foi necessário ou não foi autorizado, vai saber.

No dia seguinte, todos da tropa de elite acordaram cedo como de costume e foram chamados ao barracão do *briefing*. A missão seria fazer a proteção a autoridades que chegariam a um local ainda a ser revelado. Todos prontos em uma hora, viajaram de avião para o norte do país, perto do Golfo do Aden. A região era bem remota, cheia de pedras, seca e não havia uma alma viva em quilômetros de distância.

Nenhum membro da força de elite sabia quando as autoridades iriam chegar, muito menos quem eram. Aliás, nem muita noção de onde estavam eles tinham. Começaram então a montar o perímetro de segurança, conforme foram treinados. Ele se constituía de quatro anéis de segurança:

1º anel: era a camada mais externa do perímetro e ficava a cerca de 12 km do local protegido. Ele era feito através de sensores de localização que eram jogados do alto por aeronaves militares, por toda a circunferência do perímetro. Eram como "petecas" metálicas com antenas que detectavam toda e qualquer presença e movimento de qualquer ser vivo. Cada uma tinha um alcance de 300 m a 1 km de distância.

2º anel: diversos homens separados por uma distância de 30 metros um do outro, aproximadamente, faziam o patrulhamento num raio de 8 km a 10 km da área protegida. Esses são os soldados de advertência. Qualquer pessoa que por ventura conseguisse passar pelo perímetro dos radares externos, certamente seria abordada por essa equipe.

3º anel: novamente as antenas "petecas" eram colocadas nesse perímetro. Elas ficavam a cerca de 3 km a 6 km da área protegida.

4º anel: a última barreira de proteção era feita pela tropa onde Daniel se encontrava. Ela ficava entre 2 km e 500 m do local a ser protegido. Se por qualquer ventura um ser passasse pelos primeiros três anéis, certamente seria abatido sem qualquer tentativa de conversa ou explicação. A ordem era para matar primeiro e perguntar depois.

Se por acaso alguém conseguisse passar por eles, a ordem era para explodir o local na distância zero para proteger as autoridades que certamente já teriam sido evacuadas do local nessa hora. Para isso, bombas foram colocadas em locais estratégicos.

Já era praticamente o fim do dia e todos ficaram de prontidão. Passaram quase vinte e quatro horas, já era, portanto o fim do dia seguinte, quando foram avisados que as autoridades estavam chegando. Daniel encontrava-se num veículo que possuía uma espécie de guindaste com um cesto na ponta, como um caminhão de bombeiros e estava lá em cima como atirador de elite com uma excelente visão do local.

Cerca de três horas mais tarde chegaram quatro veículos tipo militar de cor preta e vidros escuros. De dentro deles, saíram nove autoridades. Todos homens, humanos, vestindo ternos escuros. Poucos instantes depois, chegou pelo céu uma nave em alta velocidade e parou por cima do local. Ela tinha um brilho muito intenso e Daniel teve que tirar os óculos de visão noturna para vê-la com detalhes. Sua luz iluminava a todos e ele pode ver tudo o que estava acontecendo. A nave, que tinha cerca de cem metros de comprimento (a medida de um campo de futebol), então começou a descer e conforme chegava mais perto do chão, sua luz ia diminuindo. Ela era oval na parte de baixo e achatada na parte de cima, com três "gomos" na parte superior e luzes seguiam por todo o seu perímetro, de um lado ao outro.

A nave então parou a cerca de dois metros do chão e, sem tocá-lo, abriu sua porta que era como a de um avião comercial. Ao invés de escada, a entrada era uma rampa por onde saíram dois seres humanoides que flutuavam a poucos centímetros do chão e mediam cerca de três metros de altura. Um dos seres fez um sinal com a mão e quatro dos humanos foram flutuando para dentro da nave. A porta se fechou e um dos humanoides ficou ali do lado de fora com os cinco restantes humanos de delegação, mas cada um no seu canto, sem interação.

Três horas se passaram quando uma luz forte aparece do lado da porta onde o ser se encontrava do lado de fora e os quatro humanos aparecem do nada, sem que a porta se abrisse. Ao mesmo tempo, o humanoide que se encontrava do lado de fora desaparece e a nave começa a subir lentamente, aumentando novamente seu brilho e fazendo com que a poeira do chão a sua volta subisse e cobrisse os humanos da comitiva ali presentes. Daniel então retira novamente seus óculos noturnos e observa a nave partir numa velocidade assombrosa e sumir no céu em poucos segundos.

Sem fazer perguntas, como sempre, todos recolheram seus equipamentos e voltaram de avião para a base perto da capital algumas horas depois quando finalmente tiveram um período para descanso, antes de continuarem sua rotina de treinamento e exames.

Durante sua carreira, Daniel passaria por cerca de sete missões similares a essa. Normalmente esses encontros eram feitos no final do dia, começo da noite, para dificultar as observações a olho nu. Juntando todas as missões, foram cerca de nove diferentes espécies de entidades não humanas observadas por ele, onde quatro delas causaram algum tipo de problema para a equipe. Em três situações houve confrontos armados entre as entidades e a tropa de elite e numa delas ficou somente na atitude hostil, sem confrontos corporais ou bélicos.

CAPÍTULO 6

ENCONTRO INUSITADO NA COLÔMBIA

Já eram meados do ano de 1995. Daniel e sua força de elite encontravam-se a caminho da América do Sul, precisamente para a Argentina. Chegaram ao aeroporto de Ezeiza, na grande Buenos Aires e já se deslocaram para a base aérea militar ao lado.

Nesse momento, eles imediatamente se reuniram com outros soldados especializados, sendo dois uruguaios, quatro argentinos, dois peruanos, quatro chilenos, quatro colombianos, dois venezuelanos, Daniel e mais um brasileiro. O sargento era norte americano, acompanhado por um tenente inglês, estes dois últimos eram os comandantes da equipe, totalizando assim vinte homens de elite e dois comandantes.

Passaram todos a noite na base militar e no dia seguinte voaram em direção à Colômbia. Pousaram na base militar de Apiay a cerca de 120 km a sudeste de Bogotá, onde passaram a noite.

No dia seguinte na primeira hora, seguiram de helicóptero para as montanhas próximas a fronteira da Venezuela na região do Parque Nacional El Tuparro, no leste colombiano. Durante o voo, um dos comandantes informou-os sobre os parâmetros da missão, até então misteriosa. Tratava-se de encontrar a entrada de uma caverna que poderia ser de uso dos narcotraficantes para abrigo ou depósito de armas, algo muito comum na região, principalmente nessa época. Quando encontrada, deveriam marcar a entrada com compressas de infravermelhos para servir de guia para os aviões militares de caça F18 bombardearem o alvo e selarem a entrada, inutilizando a caverna.

O armamento dessa missão era diferente. Cada soldado carregava dois fuzis M4A1 calibre 5.56 com supressor e lança granadas M320, dez carregadores para trinta projéteis, duas pistolas Glock 9 mm, seis granadas de mão, um par de óculos de visão noturna, um aparelho similar a um fone de ouvido com uma pequena antena, lanternas de potência (longo alcance), chips de localização por GPS, microcâmeras de alta resolução, além dos alimentos em barras para dois dias.

O uniforme também era diferente: tinha duas camadas prote-toras externas, não deixando espaço para qualquer parte do corpo ficar exposta. Além disso, completavam o uniforme as luvas especiais que tinham duas pequenas baterias que ligavam uma espécie de teia protetora por dentro do uniforme. Apesar de tudo isso, Daniel e seus companheiros não acharam o traje pesado para seus padrões. Segui-ram então para o ponto de infiltração num helicóptero militar modelo Sikosrky CH 54 e desceram numa depressão na floresta no meio de um nevoeiro. Todos desembarcaram e o helicóptero se foi.

Após aproximadamente cinco horas de caminhada, chegaram ao que parecia ser a entrada da caverna. Tinha um círculo perfeito numa rocha, certamente feito a laser e parecia com concreto polido, com uma medida aproximada de três metros de diâmetro. A entrada tinha um ângulo de inclinação de 32 graus para baixo e estava toda cheia de animais mortos em sua volta. Não havia vegetação dentro do túnel, somente ao seu redor, dificultando sua identificação. Uma pequena nuvem rente ao solo era perceptível, como um nevoeiro ou aqueles efeitos de gelo seco, comuns em festas infantis.

Todos receberam então a ordem para explorar a caverna com cautela e foram entrando em formação militar. Quando já estavam a cerca de 150 metros para dentro, todos começaram a se sentir mal de uma hora para outra: náuseas, dificuldade de respirar e muita tosse. Era tudo muito estranho e todos começaram a se olhar não entendendo o que se passava. O tenente inglês puxou para fora um estranho aparelho e apontou-o na direção do túnel e, depois de alguns segundos, pediu a todos que colocassem as máscaras.

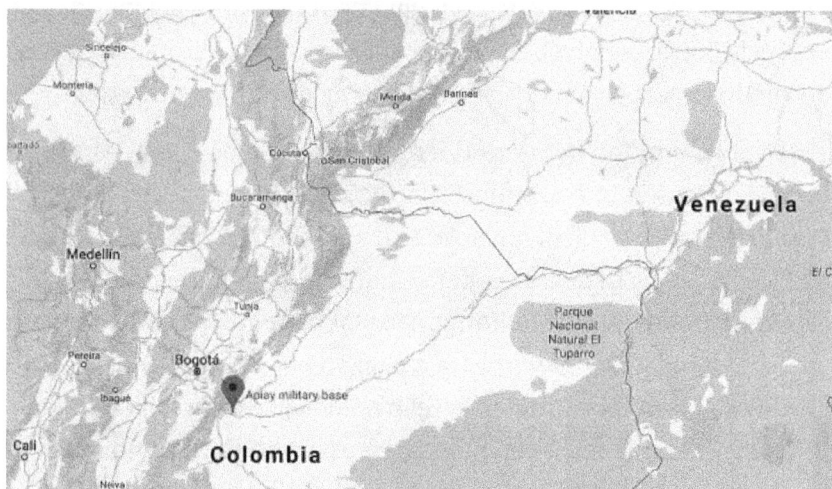

FIGURA 6: Fronteira da Colômbia com a Venezuela.

Depois de colocar as máscaras e recuperar o fôlego, continuaram com a missão. A caverna era composta em seu interior por diversas rochas grandes e uma espécie de grama ou capim que chegava à altura da cintura, além de pequenas árvores. À medida que a tropa descia ficava mais quente.

Quando chegaram ao fundo do túnel, cerca de 500 metros desde a entrada, observaram que dava em outro túnel bem maior e que cruzava de norte a sul a montanha. Iluminaram então o caminho de entrada com células fosforescentes a cada 70 metros, garantindo que conseguiriam voltar para a entrada sem problemas. Nessa bifurcação, olhando a oeste e depois ao sul, perceberam uma curva a 300 metros e outra a cerca de 500 metros a leste, tudo medido por um dispositivo digital que o tenente usava, por isso encontraram saídas a leste. O líder deu o comando e ao entrar no túnel do leste, veio um calor quase insuportável e até as máscaras os impediam de respirar direito.

Essa nova entrada descoberta, e que mais tarde serviria de saída a todos, estava cheia de animais mortos, além de aproximadamente trinta corpos de soldados do exército colombiano. Aparentemente, alguns eram pessoas comuns (civis) que também morreram com buracos à bala, por isso Daniel e seus companheiros marcaram este local com explosivos, em adição aos infravermelhos para bombardeio cirúrgico que já estavam na entrada da caverna. A ideia era fechar a caverna no lado da Venezuela que se encontrava ao final do túnel que era a maior e mais bem feita.

Prosseguiram então caminhando mais uns 100 metros no túnel, quando ouviram sons que pareciam ser de ferro batendo em ferro. Neste momento, faltavam uns vinte metros para chegar ao final do túnel no lado venezuelano, quando o sargento ordenou através de um sinal que ficassem todos parados e abaixados sem fazer barulho.

Quando Daniel olhou para a saída do túnel, viu uma plataforma metálica – similar a alumínio- suspensa no ar e em cima delas tinham gaiolas, como prisões ou celas mesmo, e dentro delas haviam pessoas, humanos. Eram homens, mulheres e crianças que choravam e às vezes gritavam por ajuda. Era uma visão angustiante para todos.

Daniel estava à frente do grupo e tirou a máscara para ver melhor. O tenente pediu então que os demais fizessem o mesmo, mas não gostou de vê-lo sem a máscara. Nesse momento o tenente disse a todos em perfeito espanhol: "não se movam ou todos nós vamos morrer".

Foi então que Daniel conseguiu ver os soldados que guardavam a plataforma: eram quatro seres fortes, mas bem estranhos com aspectos monstruosos. Pareciam lagartos com formato humanoide e mediam cerca de 2.50 m de altura, tinham uma cabeça grande, orelhas pontudas e olhos alaranjados, usavam uma espécie de colete colado ao corpo, um cinto largo com compartimentos e braceletes que pareciam aparelhos de celular e portavam objetos similares a um fuzil, só que maiores e de forma anatômica. Sua pele era uma espécie de escama ou couro, parecido com pele de lagarto, num tom esverdeado com marrom.

Nesse momento um deles olhou para o túnel onde estavam e o sargento fez o gesto de "quietos!". Foi um momento de apreensão, pois a qualquer momento podiam ser descobertos. Todos ficaram alerta e com o dedo pronto no gatilho para disparar. Foi então que o tenente puxou outro dispositivo que parecia um radio transmissor e quando ele o ligou, todos sentiram uma espécie de dormência na cabeça através do aparelho que usavam no ouvido. Ele apontou uma arma estranha e anatômica que guardava por baixo da mochila em direção à monstruosidade que por um momento parou e voltou-se para a plataforma.

Mais tarde, o sargento disse a todos que o iluminador usado pelo tenente impediu que a criatura visse todos ali e que também protegeu de sua telepatia. No princípio Daniel não entendeu o que ele quis dizer com isso, mas não se preocupou muito.

Daniel então observava as criaturas através de seu binóculo, quando o sargento perguntou: "O que você esta fazendo" e ele disse:

"Eu quero ver os reféns". O sargento então respondeu "você não vai gostar de ver o que tem lá", mas ele continuou. Foi então que se deu conta de que havia uma segunda gaiola, onde os seres que estavam lá não gritavam, não se pareciam com os reféns e não eram pessoas, humanos comuns como os da outra turma. Seus olhos eram negros, sem a parte branca dos olhos e quando um deles abriu a boca, tinha duas fileiras de dentes, algo que ele nunca tinha visto.

De repente os seres e as plataformas desapareceram numa espécie de luz azul, bem fraca como se fosse uma nuvem que se formou em torno das gaiolas e dos guardas monstruosos, mas o cheiro era nojento. Colocaram então novamente as máscaras e fizeram uma varredura no local. Depois, instalaram mais bombas como planejado e saíram rapidamente.

Durante o caminho de volta ao lado colombiano rumo à saída, Daniel percebeu que as entradas e saídas sinalizadas com infravermelhos eram canais que levavam ao pequeno centro onde as gaiolas estavam, mas não tinha dado para ver muitos detalhes, pois o tempo de detonação das bombas estava próximo. Apenas alguns minutos após passar pelas primeiras sinalizações, as explosões foram ouvidas e todos começaram a andar mais rápido rumo ao ponto da extração e ficaram esperando o helicóptero que os trouxe retornar.

O helicóptero militar, um Sikosrky CH 54, levou todos de volta a base que ficava a num vilarejo onde havia uma pista de pouso e decolagem de aviões. Chegando lá, tinha um avião a jato que levou todos novamente para a base aérea militar e de lá foram num voo para o aeroporto de Ezeiza, em Buenos Aires, novamente na Argentina.

Ao chegarem ao aeroporto, foram todos levados a uma sala distante, um pequeno prédio onde havia um oficial norte americano e um agente da NSA. Eles os interrogaram em separado sobre a missão e os advertiram a manter o silêncio sobre todo o ocorrido. Os agentes ficaram com todos os equipamentos que tinham inclusive os uniformes, mas no geral foram muito bem tratados e roupas civis sob medida foram entregues a todos.

Na sequência, todos foram levados separadamente à ala de embarque, onde Daniel então embarcou num voo para a cidade de São Paulo, Brasil. Ele não comprou passagem alguma e nem passou pelas medidas normais de segurança e checagem de passageiros: simplesmente foi colocado dentro do avião. Chegando em São Paulo ele seguiu para Brasília de ônibus. Durante o tempo todo ele veio pensando no que fez, no que escutou e a forma que os agentes disseram na volta a Buenos Aires: *"nós sabemos quem vocês são, não falem com ninguém sobre isso ou as coisas podem ficar feias. Em resumo, vocês podem acabar mortos!"*. Daniel nunca mais viu o outro brasileiro que estava na missão.

Nos seus pensamentos de volta para casa pensava que filmes de ficção, não são 100% ficção. Há uma verdade neles que ninguém tenta raciocinar e não estamos a sós neste planeta, não somos os únicos seres inteligentes e não estamos no topo da cadeia alimentar. As religiões são fantasias humanas, não existe o que pregam, mentem assim como os governos, somos escravos de escravos!

CAPÍTULO 7

COMBATE E CAPTURA NO ZIMBÁBUE

O ano era 1998 e todos estavam já acomodados num acampamento móvel ao sul da pequena cidade de Sanyati, que fica aproximadamente a 150 km no sentido oeste da Capital Harare, no Zimbábue.

Apesar de já estar acordado desde as 5 da manhã, Daniel esperou o clarim e às 06 h e 30 min se juntou aos demais em fila para tomar o café da manhã. Estavam todos tranquilos, comendo e conversando sobre a região e assuntos dos jornais.

A tropa de elite já estava há dois dias no país, mas nunca ficavam sem nenhuma parte do uniforme, isso devido à possibilidade constante de missões que eventualmente poderiam ocorrer durante qualquer turno. Após o café, foram todos então para as atividades de educação física e manutenção do armamento, seguidas pelas conferências de praxe. Uma parte do grupo foi para o estande de tiro e outra para a sala de reuniões, rever os vídeos produzidos pelos drones, onde mostravam as áreas que deveriam ser controladas e ocupadas, além de atividades guerrilheiras naquela região.

Neste momento acionaram a sirene para que todos se dirigissem com urgência até a sala de reuniões. Em cinco minutos, todos os vinte e oito soldados se encontravam na sala. Em seguida entrou o Tenente norte-americano, o subcomandante, que expôs parâmetros da missão e deu um prazo de uma hora para que todo o grupo estivesse pronto, equipado e em formação de bloco em frente ao avião de transporte militar Hercules C-130 Lockheerd, que já estava posicionado na pista.

Era cerca de 09h30min horas quando voaram durante 01h20min até o ponto do salto, uma área descampada numa das depressões do monte Nyangani no extremo leste do país. Saltaram então por cima das nuvens que estavam baixas e pousaram na área próxima a um curso de água com árvores aparentemente espaçosas entre si, vegetação rasteira na linha do joelho, porém com alguns arbustos espinhosos. O Sol quente os fez, no primeiro momento, deixar os capacetes abertos para melhor ventilação.

FIGURA 7: Visão do topo do monte Nyangani, no Zimbábue. Fonte: Internet.

Após recolher e esconder os paraquedas, Daniel e seus companheiros caminharam por cerca de quatro horas. Já selva adentro na montanha, pararam e montaram um perímetro defensivo com um raio de quarenta metros. Durante esta parada, o major e um tenente, passaram os paramentos da missão que se resumiam em um provável e eminente confronto com uma ou mais criaturas reptilianas, sendo que a missão era capturá-las, vivas ou não, caso a missão não desse certo, evitando mortes. Além disso, deveriam sinalizar o local com infravermelhos para implodi-lo através de bombardeios de caças militares.

Após um descanso de trinta minutos no perímetro defensivo, levantaram marcha selva adentro, orientados e observados pelo comando a partir deste momento por satélite. As câmeras de alta resolução que tinham no capacete e no peito foram acionadas e o sistema de proteção do uniforme também foi ligado. Depois de mais de uma hora selva adentro, perceberam um pequeno grupo de homens armados a frente. Eram guerrilheiros, mas encontravam-se com a fisionomia assustada e faziam movimentos desorientados. Fizeram então um sinal para contato que foi sinalizado rapidamente de forma positiva. Vieram ao encontro da tropa em posição de rendição. Foram interrogados e revelaram um confronto que tiveram algumas horas antes com "criaturas enormes de aparência monstruosa" – o pavor era visível em todos. Os sobreviventes que ali estavam, vendo seu grupo morrer, fugiram por não conseguirem deter tais entidades. Disseram também que o grupo deles tinha cerca de 120 homens, mas muitos morreram e outros eles não souberam dizer o que aconteceu, porque optaram por fugir.

Os guerrilheiros estavam cansados, com medo e com sede, apesar de haver um pequeno curso de água próximo. Eles estavam com receio de buscar água e contaram que uma das criaturas saiu da margem do rio e os atacou enquanto o outro veio da mata, forçando-os a se dividirem.

Ao terminar o depoimento, Daniel e os demais montaram um perímetro seguro para que três deles buscassem água, o que foi feito, e forneceram barras de cereais para que eles se alimentassem. Foram então orientados a seguirem rumo a noroeste pela trilha que já estava feita. O armamento foi devolvido e foram então instruídos na segurança que deveriam manter até chegarem a seu destino.

A noite se aproximava e, com ela, o frio. Por sorte, o uniforme que usavam regulava a temperatura corporal. Logo voltaram a caminhar em marcha e uma hora depois já estavam num dos sulcos naturais da montanha com vegetação baixa e árvores com copas de uns três ou quatro metros, porém não eram muito próximas umas das outras e entre as pedras havia muito mato baixo como uma savana. Porém, um pouco mais adiante, as árvores se fechavam e suas copas cobriam os espaços abaixo.

Foi então que de repente avistaram uma vaca morta e dissecada. Estava sem os olhos, língua, órgãos genitais e tinha um corte na barriga de onde tiraram todos os órgãos internos. Não havia presença de sangue no local, o que indicava que as criaturas estavam por perto, já que a vaca não estava rígida. Um pouco mais a frente, encontraram uma abertura na transversal no meio de duas rochas com certa vegetação ao redor. Resolveram então entrar e após uns cinco metros encontraram um corte nas rochas num formato triangular. Era um corte perfeito, criando um pequeno túnel de aproximadamente uns seis metros com paredes lisas, similar a uma placa de mármore. "Devemos estar próximos", pensou Daniel.

Andavam com muito cuidado. O sistema de isolamento do uniforme sempre ligado e armamento pronto a disparar. Um a um, foram entrando até passarem e chegarem a uma grande caverna, meio escura com apenas poucos raios da luz do Sol que já se punha, entrando por um grande buraco acima rodeado pelas copas das árvores. Em seguida posicionaram tropas ao redor da saída do túnel, já que também havia soldados próximos à entrada. Se espalharam em formação triangulada, com cerca de quatro a seis metros um do outro, com movimentos rasteiros e lentos conforme seguiam adiante. Foi então que perceberam movimentos cerca de uns 100 metros adiante, num declive de uns 20° graus. Nesse momento, rastejaram pela vegetação com cuidado até estar a uma distância segura e camuflados.

Algumas criaturas estavam sentadas. Uma delas estava em pé e fazia movimentos de cabeça similares a um suricato observando ao redor, enquanto outros dois mutilavam alguns corpos de animais e de guerrilheiros que eles haviam matado horas antes. Daniel percebeu através de visão infravermelha de seus óculos que eles colocavam os órgãos dentro de recipientes cilíndricos, similares a potes de alumínio escuro que se encaixavam um no outro. Apenas uma das criaturas fazia o trabalho como um legista e os demais observavam e lhe davam cobertura. Após a retirada dos órgãos, eles colocavam os corpos dentro de uma caixa a qual não puderam precisar o tamanho e profundidade devido à distância, mas era perceptível que havia mais recipientes como aqueles, os quais flutuavam a poucos centímetros do chão.

As criaturas tinham algo em torno de 2.5 metros de altura – apesar de não ficarem eretas, sempre meio curvadas – tinham pele escamosa de cor meio amarelada com as partes do lombo das costas um tom esverdeado, cabeça grande com várias pequenas pontas, olhos amarelados com pupilas como as de gato, braços e pernas fortes, com mãos longas com quatro dedos afinados. Usavam um colete escuro que tinha compartimentos com objetos nas laterais e no braço direito tinham uma espécie de bracelete na mesma cor de sua pele. Todos portavam uma espécie de pequena lança, similar a um cajado e usavam uma espécie de bota que não tinha cadarços ou zíper. Este calçado chegava até a altura do joelho e tinha cor marrom-esverdeada.

Após cerca de dez minutos de observação, a tropa começou a fazer um cerco triangulado em torno das três criaturas, mas mantendo uma distância segura. A demora se explica por questões de observação, para saber o que portavam e para que instalassem alguns dispositivos similares a pequenas antenas de três pontas ao longo da formação, prevenindo uma possível reação, de forma que os danos fossem mínimos. Mas o inesperado aconteceu e uma das criaturas percebeu o movimento e veio se certificar de que estava tudo bem. Foi quando começou o confronto.

Daniel estava na parte baixa da triangulação com oito homens fortemente armados a uma distância entre si de cinco a seis metros. A rapidez de movimento dos seres dificultava o tiro. Rajadas foram feitas, tiroteio intenso e explosões por uns vinte minutos. Eles revidaram disparando um feixe de luz azulada, similar a luz neon, mas muito rápida atingindo vários soldados. Alguns atingidos em cheio foram calcinados instantaneamente. Os que se feriram, tiveram partes do corpo queimadas, praticamente incinerados pelo disparo. Uma das criaturas levou um tiro no braço que portava a arma, mas ela foi para cima dos soldados mesmo assim e houve uma luta corporal desproporcional. O ser reptiliano deu um soco no militar que o arremessou a alguns metros de distância, deixando-lhe algumas costelas quebradas, um braço quebrado e várias escoriações. Essa mesma criatura também investiu nos demais e, por sorte, alguém o acertou nas costas e o fez recuar, levando neste momento vários tiros na região do tórax e nas pernas para então finalmente cair.

As demais criaturas também se feriram, mas conseguiram sumir com os recipientes, caixotes metálicos e com os corpos em meio a uma tênue fumaça de cor meio azulada que se desfez rápido. Mas antes que se desfizesse por completo, os soldados atiraram granadas de fragmentação na nuvem. O interessante é que não explodiram e nem caíram, simplesmente sumiram no ar. Eles tinham que sair rápido de lá e, durante o confronto, já havia se aproximado cinco helicópteros militares modelo Black-Hawk H-60L para a extração, sendo que um deles era só para levar uma das criaturas que foi capturada.

Essa criatura pesava algo entorno de uns 200 quilos, dando muito trabalho para sua remoção para fora caverna. Ao revistar a criatura, o tenente norte-americano impediu a todos de retirar qualquer coisa que estivesse em poder da entidade. Daniel pode ver e tocar sua vestimenta, que parecia ser colada a seu corpo. Um colete duro e áspero, que continha compartimentos com alguma coisa dentro, mas não conseguiu abri-los. Sua bota parecia ter sido feita em seus pés, o bracelete ia do pulso ao cotovelo, sua arma era muito leve. Daniel notou que a criatura tinha três furos a bala nas costas e no pescoço, mas apenas um pequeno filete de sangue.

Na revista com os demais soldados, acharam a arma que ele portava. Parecia com um aspirador de pó de automóvel, onde havia num extremo um arco que abraçava o braço e um encaixe de dedo. Quando foi colocado junto ao corpo do reptiliano, a arma acendeu uma luz cor violeta bem fraca.

O tempo era curto e todos já se movimentavam para sair o quanto antes, pois eles achavam que os seres poderiam voltar com reforços para resgatar o companheiro que ficou para trás. Todos se posicionaram numa área onde os pilotos dos helicópteros pudessem vê-los e, um a um, os Black-Hawk desceram e retiraram todos de lá. Passados alguns minutos, todos escutaram os estrondos de explosões feitos por caças através dos sinalizadores colocados anteriormente. Agora já era noite e a visualização do que acontecia já estava comprometida.

Os feridos e mortos do lado humano também foram evacuados de forma rápida pelos H-60 que desceram pelo buraco no teto da caverna, já que o terreno não apresentava dificuldade para tal, onde levaram cerca de quinze minutos para a retirada de todos.

Resumo do confronto: duas tropas inteiras tiveram morte instantânea, três soldados feridos - sendo que um com gravidade N3 (irrecuperável) e os outros dois estavam em condições de socorro e de embate se necessário fosse.

Durante a evacuação, as tropas que fizeram a proteção externa relataram que assim que terminou o tiroteio eles viram um objeto escuro de formato cilíndrico sair da montanha e pairar por alguns instantes no ar, até que duas esferas brilhosas se acoplaram a ele e numa aceleração rápida sumiram rumo ao norte de sua posição. Eles estavam espalhados ao redor da entrada da caverna, caso alguma das criaturas escapasse em sua direção.

O helicóptero que transportava a criatura capturada estava acompanhado por dois helicópteros Apaches e tomaram rumo diferente dos demais.

Ao chegarem ao acampamento já nos arredores de Harare, capital do Zimbábue, dois caminhões de frigoríficos os aguardavam e, ao descer, foram direcionados para entrar em ambos os caminhões. Lá dentro trocaram de roupas e as deixaram dentro de caixas de alumínio, que estavam numeradas de acordo com cada um dos soldados. Estes caminhões circularam pelo tempo necessário até que todos se encontrassem com uniformes padrão de instrução. Neste momento, ao descer já na base de Harare, eram duas da madrugada quando entraram novamente num avião militar modelo Hercules Lockheerd C-130 e foram levados para Moçambique. Durante o trajeto, foram novamente orientados a esquecer a missão e não comentá-la de forma alguma com quem quer que fosse sob qualquer circunstância, sob pena de lei marcial e provável condenação à morte.

Chegando na base aérea em Maputo, todos foram levados para realizar exames médicos e entrevista com uma equipe de agentes da CIA /NSA, mas neste momento já estavam divididos em pequenos grupos.

Após a liberação, Daniel não viu e nem teve mais contato com o restante do grupo. Ele então foi levado a uma pousada próxima ao aeroporto, onde ficou descansando por um dia e no dia seguinte por volta de 10h30min, foi levado e colocado dentro de um voo para o Brasil.

CAPÍTULO 8

OS SUPER SOLDADOS E A ATUAÇÃO MILITAR MUNDIAL

Q ualquer pessoa pode visitar o *website* da forca aérea americana (airforce.com) e procurar na área de "carreiras" o perfil de pessoa que eles desejam encontrar, além de saber das vagas em aberto. É um *site* moderno, muito bem feito, com muitas fotos e vídeos interessantes. Dá até vontade de aplicar.

> *Os homens que formam as Operações Especiais da Força Aérea dos EUA são uma raça especial de guerreiros. O trabalho deles é ultrapassar os limites sendo mentalmente mais duros, fisicamente mais fortes e ardentemente comprometidos em servir nosso país e proteger nossa liberdade. Um trabalho para o melhor dos melhores, esta equipe de elite de heróis vai aonde os outros não vão, porque eles são treinados e prontos para fazer o que os outros não conseguem.*

Parece muito bem a descrição do trabalho de Daniel. Não estou aqui para discutir a louvável motivação que leva um jovem a se inscrever num programa desses e nem questionar sua bravura e capacidades. Realmente são impressionantes. O problema está na manipulação que essas pessoas estão sofrendo e a possível consequência em suas vidas.

Vamos analisar brevemente esse discurso. Apesar de Daniel não fazer e nem ter feito parte da forca aérea americana, o discurso é muito parecido e, no final, todos servem a um mesmo comando. Expressões como "ultrapassar limites" descrevem bem o que estamos vendo até agora. Estamos acompanhando Daniel e seus companheiros, e vemos que se trata de indivíduos que ultrapassam todos os limites em todos os sentidos. Não somente no físico, explícito em "fisicamente fortes", com treinamentos e situações que estão além do alcance físico da maioria esmagadora de humanos no planeta Terra, mas também no limite mental; não só pelo encontro com seres não humanos e tudo o que obviamente isso acarreta, mas também presenciando horrores de guerra inimagináveis que irão certamente mudar a mente, o caráter e a percepção de todos os envolvidos. São traumas que podem durar vidas para serem vencidos. Nem o soldado mais "mentalmente duro" escapará dessa facilmente.

Mas é na expressão "comprometidos em servir" que temos a maior armadilha de manipulação. Com a desculpa de servir a pátria, esse Governo Oculto manipulador faz com que jovens cometam atrocidades e sirvam como robôs orgânicos de guerra para servirem seus interesses dominadores, seja através da criação de guerras, intervenções para favorecer um lado ou outro e, como estamos acompanhando, servirem de respaldo para encontros com seres extraterrestres.

Na promessa de "fazer o que os outros não conseguem", esse comando manipula os jovens pelo seu patriotismo e um pouco pelo seu ego de serem os melhores em tudo, para servir aos interesses malévolos desses seres.

MISSÕES SECRETAS

Uma vez dentro de um exército ou comando militar de qualquer tipo, sua "alma" pertence a eles. Falo isso no sentido de que você deverá seguir as ordens dadas e ponto final. Sem questionamento, em prol da disciplina e foco. Afinal, como seria uma frente de batalha se todo soldado questionasse seu superior? Mas isso também tem outras consequências. Uma delas, é a existência de muitas missões secretas com objetivos suspeitos.

De acordo com o *site* "Military Times" (ou "diário Militar", numa tradução livre), na publicação de 6 de novembro de 2018 intitulada "Relatório revela operações anteriormente secretas na África", os militares americanos possuem diversas operações no continente. Bom, não me lembro de ter algum território estadunidense na África, então, o que fazem lá?

A versão oficial é de "procurar degradar as redes terroristas afiliadas à Al Qaeda e ao ISIS no Oriente Médio e em regiões específicas da África". Mas será isso mesmo? O que os EUA estariam realmente fazendo em países como Nigéria, Quênia, Líbia, Somália e Camarões. Na verdade, segundo a mesma publicação, "os militares dos EUA estavam realizando missões em pelo menos 20 nações africanas. A maioria deles se limita a ataques aéreos ou aconselha, treina e ajuda o trabalho com as forças aliadas do governo." Bom, nós vimos um pouco de como isso se passa nesse livro. A verdade é que jovens estão morrendo para servir os interesses de poucos. Os números oficiais são de mais de 2000 mil soldados americanos no continente. Vai saber o número real.

O conceito de atuação atual e o SFAB, que seria basicamente uma brigada para treinamentos de aliados. Mas, imagine só: nos anos 90 os EUA treinaram a Al-Qaeda para lutar contra seus inimigos no Oriente Médio e já sabemos no que deu, ou no que disseram que deu, depois. Quem será que estão treinando agora? Não existe garantia de que não seriam seus inimigos de amanhã. E a pergunta que ninguém quer fazer é: será que isso não é feito propositalmente?

Entra governo e sai governo e continua a mesma coisa. Conforme comentado pelo *site* politico.com, numa reportagem do dia 2 de julho de 2018 intitulada "Por trás da guerra secreta dos EUA na África", as ações no continente vêm desde os governos anteriores, passando por Obama e agora Trump.

Estamos falando dos Estados Unidos por ser a maior potência bélica do planeta e também o centro militar do governo secreto (Pentágono – localizado na capital Washington, DC), mas o mesmo ocorre com outros governos. Não é exclusividade norte-americana. Países em todos os continentes fazem parte dessa coalizão militar que forma as forças-tarefas desse governo secreto, conforme também estamos acompanhando com a história de Daniel.

A famosa rede de televisão Al Jazeera publicou em seu *site* no dia 8 de agosto de 2011, portanto no governo Obama, um artigo intitulado "Os militares secretos do exército americano". Nesse texto eles comentam que "comandos especiais dos EUA são implantados em cerca de 75 países ao redor do mundo - e esse número deve crescer". Eram 60 países no fim da era Bush e estima-se cerca de 120 países no início da era Trump. Conclusão: estão no mundo todo.

FIGURA 8: O Pentágono – QG militar americano e do governo secreto mundial.

A Al Jazeera acrescenta que isso "é uma evidência de uma crescente elite clandestina do poder do Pentágono, travando uma guerra secreta em todos os cantos do mundo". Mas guerra do que, pra quem, por quê? Sob a desculpa de terrorismo, o governo secreto faz o que quer.

A ELITE DA ELITE

O site Business Insider publicou no dia 17 de abril de 2017 uma matéria chamada "as 8 forças especiais mais elites do mundo". Vamos abaixo seguir o ranking na contagem regressiva de 8 a 1:

8. O Grupo de *Serviços Especiais no Paquistão* é mais conhecido no país como as Cegonhas Negras por causa do capacete único dos comandos. Treinamento supostamente inclui uma marcha de 36 milhas em 12 horas e uma corrida de 5 milhas em 50 minutos em marcha completa;

7. A *Unidad de Operaciones Especiales* da Espanha – ou a Força Naval de Guerra Especial, como é conhecida desde 2009 – tem sido uma das forças especiais mais respeitadas da Europa. Estabelecida como a unidade voluntária da Companhia Anfíbia Escalada em 1952, desde então se tornou uma força de combate de elite;

6. O *Alpha Group da Rússia* é uma das unidades de forças especiais mais conhecidas do mundo. Essa unidade antiterrorista de elite foi criada pela KGB em 1974 e permanece em serviço sob o seu homólogo moderno, o FSB;

5. Poucas forças contraterroristas do mundo podem competir com o *Grupo Nacional de Intervenção da Gendarmaria da França*, ou GIGN. O grupo são 200 homens fortes e treinados especificamente para responder a situações de reféns. Afirma ter libertado mais de 600 pessoas desde que foi formado em 1973. É contra a lei na França publicar fotos dos rostos de seus membros;

4. A *Sayeret Matkal, de Israel*, é outra das unidades mais elitistas do mundo. Seu objetivo principal é a coleta de informações e, muitas vezes, opera bem atrás das linhas inimigas. Durante o acampamento de seleção (Gibbush), aspirantes a recrutas suportam exercícios de treinamento hardcore enquanto são constantemente monitorados por médicos e psicólogos. Apenas os mais fortes entram;

3. O *Serviço Aéreo Especial Britânico*, conhecido como SAS, é a contraparte de infantaria do Serviço Especial de Embarcações. Sua insígnia traz a frase "Quem ousa vence". Questionado sobre a importância do papel do SAS nos combates que se seguiram à Guerra do Iraque, o general norte-americano Stanley McChrystal disse: "Essencial. Não poderia ter feito isso sem eles";

2. O equivalente no Reino Unido dos Navy SEALs americanos é o *Special Boat Service*. O processo de seleção envolve um exaustivo teste de resistência, treinamento na selva nas florestas tropicais de Belize e treinamento de sobrevivência em combate, o que envolve intenso interrogatório de candidatos. E você tem apenas duas tentativas para passar;

1. Os *SEALs da Marinha dos EUA* são indiscutivelmente (segundo a publicação) a principal força de operações especiais. Criados em 1962, os operadores Sea-Air-Land (mar-ar-terra) passam por anos de treinamento e, especialmente após o 11 de setembro (atentado terrorista às torres gêmeas em Nova Iorque), suportam um incrível ritmo de operação. Muitos militares estrangeiros baseiam suas operações especiais nos SEALs.

Obviamente, o comando no qual Daniel participou não consta na lista. Aliás, ele não consta em nenhum relatório oficial. Como vimos anteriormente, seu treinamento foi mais pesado que os descritos pelos SEALs americanos – e indubitavelmente, também suas operações. Lembrando que esse é apenas um comando. Imaginem os outros que devem existir dentro e fora da Terra.

SUPER SOLDADOS

Existem varias teorias, conceitos e experimentos militares – oficiais e não, no assunto. Vamos do mais "leve" para o mais assustador.

O Pentágono já divulgou oficialmente sua intenção de fazer com que soldados americanos controlem robôs de combate com a mente. A ideia pode parecer tentadora, pois não teríamos mais a necessidade dos combatentes correndo risco de vida, mas há mais por trás disso.

O departamento de pesquisa e desenvolvimento americano, na sigla DARPA, em inglês, "sonhou por décadas com a fusão de seres humanos e máquinas (...) tais mudanças teriam extensas implicações éticas, sociais e metafísicas", segundo publicação no *site* da revista The Atlantic ("O esforço do Pentágono para programar os cérebros dos soldados", publicada em novembro de 2018). Enquanto a desculpa dada ao público para continuar a ter recursos oficiais de pesquisa seja a de melhorar a vida das pessoas com deficiência física, por trás dos panos o governo secreto pensa em mesclar homem e máquinas e fazer os super soldados.

Isso leva a uma discussão longa sobre o que é realmente o ser humano e até onde devemos levar a tecnologia. Mas, nesse caso militar, me parece muito perigoso que atravessemos essa linha, pois acredito ser inevitável usá-la para finalmente tirar as emoções ou qualquer outro impedimento para que os soldados realizem suas missões. Melhor do que um robô, é um homem com a capacidade de uma máquina – trabalhando em simbiose.

No mesmo novembro de 2018 a famosa agência Reuters publicou um artigo chamado "Pentágono olha para exoesqueletos para construir 'super soldados'", onde fala abertamente que o departamento de defesa americano esta investindo em tecnologia para deixar seus soldados mais fortes e ágeis. Novamente, essa tecnologia vem de próteses de pessoas com deficiência.

Não são somente os EUA que estão investindo nessa tecnologia. Rússia e China também estão no páreo.

Essa prótese faz com que soldados corram mais rápido, sejam mais ágeis, mas, principalmente, que carreguem mais peso. Além de todo o equipamento que precisam levar em batalha que chega a pesar quase 60 kg muitas vezes, eles também ficam capazes de levantar obstáculos, misseis e qualquer outro objeto que seja necessário sem se cansarem.

O *site* britânico Express, na sua edição de agosto de 2018, publicou uma matéria intitulada "EUA anunciam misteriosos experimentos de

12 milhões de libras para criar super-soldados 'bio-reforçados'", onde comentam que "de acordo com os documentos do Departamento de Defesa dos EUA, os experimentos de bio-aprimoramento desenvolverão tecnologias para maximizar os desempenhos fisiológicos. Isso inclui aumento da resistência, aumento da tolerância a extremos ambientais, aumento dos sentidos e melhoria do condicionamento físico geral sem aumento perceptível. Os objetivos experimentais também esperam produzir soldados que precisem de uma fração da quantidade típica de sono e que possam lidar com situações altamente estressantes".

Já ouviu isso em algum lugar?

Mas o pior não é isso. O artigo continua, revelando que "um desses projetos era criar um *software* que pudesse ser carregado diretamente para o cérebro para dar aos seus soldados sentidos mais intensos, enquanto também tentava curar doenças como cegueira, paralisia e distúrbios da fala." Além de todos esses benefícios, será que não dá para controlar emoções, reprimir sentimentos? Praticamente robotizar o ser humano. O soldado perfeito: sem emoções e questionamentos.

Assim como Daniel havia sido treinado para ser.

CAPÍTULO 9

UMA MISSÃO ATRÁS DA OUTRA

Daniel e seus companheiros de tropa de elite mundial trabalhavam muito. Era missão atrás de missão, na maioria das vezes com sucesso absoluto. Com o tempo passando, muitos países foram revisitados por diversos motivos, entre eles a África do Sul e Países Baixos, mas o principal deles era o Catar. Não só pela sua localização estratégica no meio do oriente médio, à beira do Golfo Pérsico, mas também por abrigar uma das principais bases americanas no mundo, localizada a oeste da capital Doha.

As visitas a base aconteciam aproximadamente três vezes ao ano, e o procedimento era muito parecido. O aeroporto militar da base americana – não listado no mapa – possui duas pistas grandes paralelas uma a outra com um hangar no meio, coberto com vidro escurecido, o qual impede quem está fora de ver o que acontece lá dentro. Nele, há uma porta com uma placa fora dizendo "acesso restrito", por onde Daniel e sua turma passavam.

Ao entrar, se deparavam com uma escada rolante muito grande, maior que a convencional que vemos em shoppings e aeroportos, tanto em altura, quanto em largura (dos degraus e da própria escada). Além da diferença de tamanho, a velocidade também é um chamativo curioso sendo bem mais rápida que o convencional.

Na base dessa escada há uma sala de recepção onde as credenciais são checadas. Ao entrar, há uma outra porta (todas muito reforçadas e com tipos distintos de segurança) que leva a um galpão onde veículos militares distintos podem ser vistos e uma sala para retirar os equipamentos da tropa – como um vestiário. Todos se despem e uniformes são entregues. Ao sair do "vestiário" é possível ver algumas salas de treinamento e laboratórios aos que todos deveriam se dirigir.

A primeira visita é para a sala de exames médicos, onde todos ficam somente de shorts e recebem uma fita que ficará colada no braço por todo o tempo na base com informações pessoais relevantes aos exames. Ali, logo na chegada, uma raspagem da pele já é feita e o conteúdo levado para estudo. Todo esse processo de exames dura aproximadamente cerca de três horas.

Após a verificação de que todos estão bem, voltam ao vestiário, tomam banho, trocam de uniforme novamente e são levados ao acampamento militar que fica a oeste da base.

Enquanto entre missões, Daniel e seus companheiros estão sempre em treinamento. No caso dessa base americana no Catar, ele é focado em sobrevivência no deserto. O calor é muito grande. Tão grande que faz os soldados alucinarem algumas vezes, também devido a privação de água. Quando não estão em treinamento específico, todos fazem educação física e ajudam no patrulhamento de segurança da base.

O chamado vem de uma sirene um pouco diferente das convencionais e os soldados devem se apresentar na pista dos aviões dentro de uma hora. Na porta da aeronave recebem o resumo da missão a ser executada. Eram muito comuns missões de intervenção junto a guerrilhas nas guerras da região (Irã, Iraque, Arábia Saudita, Iêmen...), inclusive atuando como instrutores dos membros do exército local de cada país.

FOLGA

Nos raros momentos de folga, normalmente logo após missões mais complicadas ou polêmicas (como as de encontros com seres não terrenos), Daniel era mandado de volta ao Brasil para descansar e com o bolso cheio para aproveitar as "férias". Sempre em voo militar, nunca de carreira.

Além do tempo com a família, costumava passar um mês no seu país de origem fazendo cursos curtos profissionalizantes e algumas vezes até alguns "bicos". Numa certa visita, chegou a ficar três meses com a família, trabalhando como segurança num bingo local.

Quando dentro das bases, era comum trabalharem por dois dias e folgar um.

BALA PERDIDA

Em uma das visitas a base militar americana no Catar, a sirene específica de sua tropa foi acionada e todos se deslocaram para o avião. Chegando lá, receberam a descrição de sua missão, que era a de mapear uma certa área na Jordânia em que poderia haver artefatos de interesse do comando. A tarefa era mapear, localizar e avisar a posição para a base.

Voaram então para uma base militar no país de destino e seguiram em direção ao mar morto, na divisa com Israel. A área que estavam cobrindo ficava cerca de 400 metros de distância da agua, num local cheio de cânions, fendas e cavernas.

Cerca de 100 militares da tropa de elite mundial patrulharam toda a região com a ajuda de um guia local. Percorreram as fendas e cerca de dezenove cavernas, achando muitos "artefatos" curiosos, os quais a localização era imediatamente enviada ao comando central.

Uma das descobertas chamou muito a atenção de Daniel. Era uma espécie de nave dourada enterrada entre as fendas de um cânion. Não dava para ver muito bem por causa da areia, mas certamente era algo diferente e grandioso que chamava muito a atenção. Mas, como não estavam ali para fazer perguntas, faziam seu trabalho e seguiam adiante.

Quando estavam voltando a pé até os veículos próximos para seguirem para a base, um dos colegas que estava ao lado de Daniel caiu no chão sem motivo aparente algum. Ao verificarem o que havia acontecido com o homem que se encontrava estirado no chão, puderam ver uma perfuração em sua cabeça.

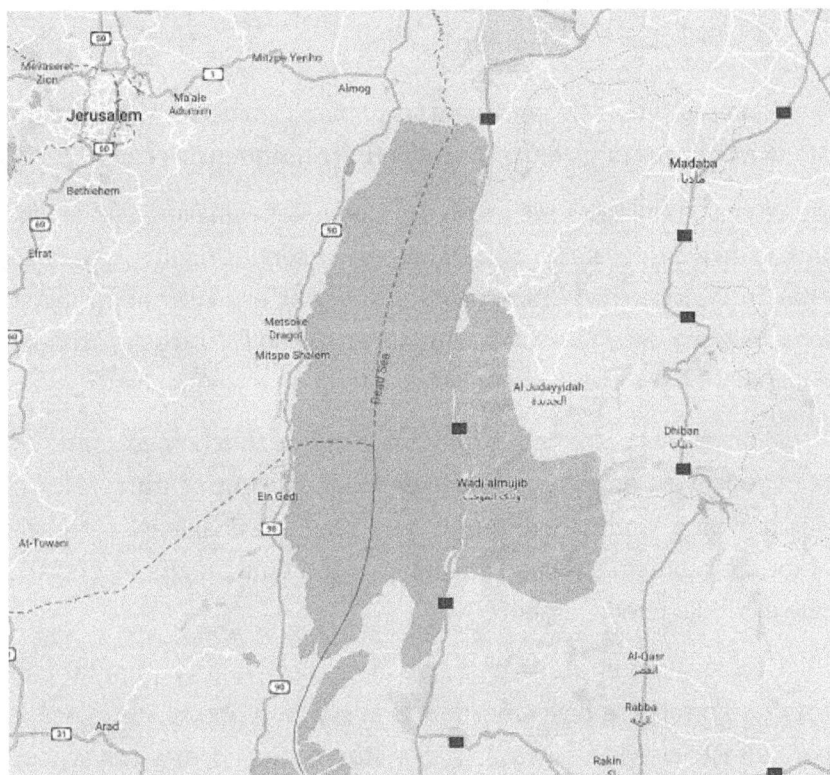

FIGURA 9: Área da missão perto do Mar Morto entre Israel e Jordânia (dir.).

Como não havia nenhum conflito aparente ali perto, foi concluído que se tratava de uma bala perdida. O projétil era de um fuzil 762, muito comum na região. Felizmente, a bala não pegou em cheio, mas atravessou o capacete do soldado e se alojou em seu crânio. Ele foi levado às pressas até a base local onde foi tratado com sucesso.

Após os cuidados médicos, todos voltaram a base do Catar mais uma vez no avião militar CS Lockheed.

ARREPENDIMENTO NA BÓSNIA

Nem sempre as coisas davam certo para Daniel. Em sua memória ainda há muitos fatos difíceis de digerir; consequências da guerra.

Numa das missões, ele e seus companheiros estavam atrás de uma facção de rebeldes na Bósnia. Tratava-se de sérvios fugitivos, os quais eram muito violentos e perigosos, tentando se esconder num vilarejo local. A tropa de elite estava ali para *search and kill*, ou seja, achá-los e eliminá-los sem questionamentos.

Num desses patrulhamentos, Daniel avistou um homem correndo para dentro de uma das casas e estava certo de que se tratava de um dos fugitivos. Com pouco tempo para reagir, já imaginando que ele atiraria em breve, ele imediatamente jogou uma bomba incendiaria que explodiu imediatamente

Daniel então entra na casa que ainda pegava fogo para ter certeza que o rebelde havia morrido, mas sua descoberta iria marcá-lo para o resto de vida: sua ação não matou o inimigo, mas sim acabou matando toda uma família – um pai, uma mãe e duas filhas pequenas. Uma das crianças mais velhas, com aproximadamente nove anos, ainda estava viva e segurava sua irmã menor no colo. Daniel ainda pode ver a menina morrer segurando o corpo da irmã.

Seu treinamento sempre foi atirar primeiro para perguntar depois. Qualquer erro ou hesitação de sua parte poderiam lhe custar a vida numa guerra. Ele sabia de tudo isso. Mas dessa vez ficava difícil esquecer o acontecido.

LUZES DO CÉU

Ainda na Bósnia, a equipe de elite recebeu um chamado de alerta sobre umas luzes não identificadas que estariam sobrevoando a base militar em Zenica, regia central do país. Os avistamentos foram confirmados por diversos civis da região e a população já estava começando a fazer perguntas.

Todos os convocados da tropa, inclusive Daniel, se deslocaram até lá e passaram cerca de cinco dias investigando o que se passava tanto nas bases quanto nas cidades ao redor.

Além de alguns avistamentos confirmados, foram coletados vários relatos de que os OVNIS miravam uma espécie de luz nas pessoas, as quais deixavam marcas físicas em seus corpos. Alguns chegaram até a falar que isso retirava parte do sangue das pessoas.

Após os cinco dias de investigação, foram chamados de volta a base – mesmo com a insistência da amedrontada população local, que pedia a ajuda deles. Impossibilitados de ajudar mais, voltaram. Mas não antes de avistar um disco luminoso no céu de cerca de 60 metros de largura, que variava suas cores entre vermelho, azul, verde e amarelo para, após alguns instantes, sumir para não ser mais visto.

O curioso é que a nave não foi para o céu como esperado, e sim seguiu para baixo como se entrasse na terra por alguma fenda para desaparecer.

HORRORES DE GUERRA

Numa das missões na Bósnia, a tropa marchava ao sul da capital Sarajevo. Passando uma das pontes do rio que corta a cidade, rumo as montanhas locais, eles puderam observar por várias vezes no caminho bolsões com corpos. Resultado de vários massacres sérvios na região.

Algumas vezes observavam que nem todos estavam mortos. Alguns ainda agonizavam nas valas. Eles, infelizmente não podiam parar para socorrer, mas sempre chamavam a ajuda da Cruz Vermelha para tal.

Os corpos não eram somente de civis comuns. Também foram achadas diversas valas com militares de diversos países. Os rebeldes faziam blitz constantes na região, roubando armamento, munição e mantimento de soldados da ONU, inclusive russos, e depois os matavam.

Outro fato curioso não divulgado observado por Daniel é que vários repórteres e membros da imprensa foram mortos também pelos rebeldes sérvios, mas essa ação jamais foi divulgada da forma como realmente acontecia.

O REAL MOTIVO DA PRESENÇA NO IRAQUE

Sem dúvida alguma o Iraque ocupa uma posição geográfica estratégica no mundo. Bem no meio do oriente médio, entre o continente europeu e o asiático. Além disso, o país e um grande produtor de petróleo – com grandes reservas – além de fazer parte de um grande corredor de oleoduto que leva o produto desde o Golfo Persico e países vizinhos, como o Kuwait, até o mar Mediterrâneo (passando pela Síria).

Esse já parece um bom motivo para justificar a guerra com o Iraque, não é mesmo? Mas não é o principal.

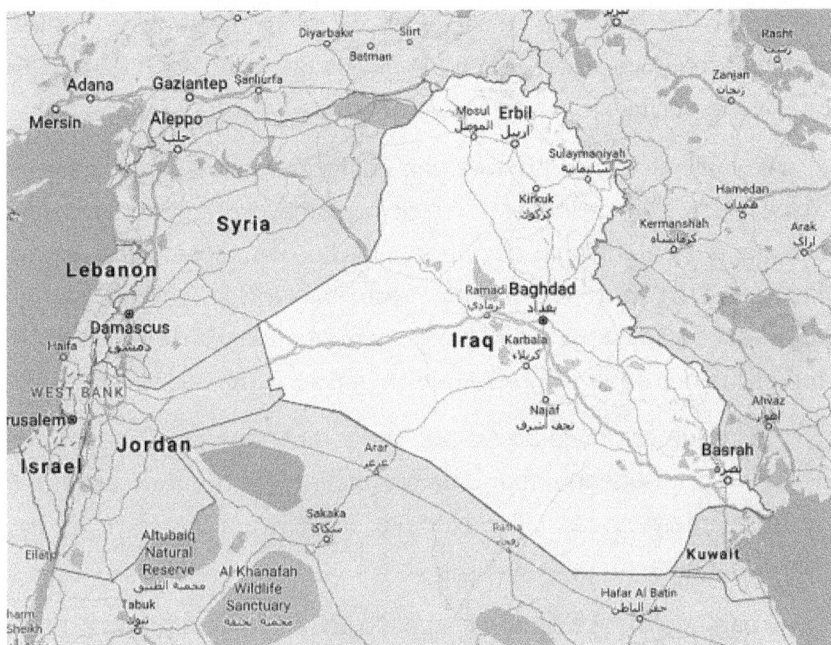

FIGURA 10: Iraque.

A maioria esmagadora das missões de Daniel e sua tropa de elite na região envolvia a localização, o mapeamento e o apoio na extração de aparelhos antigos que estavam sob o terreno na região e que seriam de interesse desse "comando secreto".

A mais impressionante missão localizou um artefato de cerca de um quilometro de extensão no meio do deserto iraquiano. Daniel não soube precisar o que era aquela máquina, se uma aeronave ou algo do gênero, mas seu tamanho assustou a todos. Demoraram cerca de seis meses inteiros para retirar da areia cerca de um quarto do total – devido a seu tamanho, peso, profundidade e o nível de ocultação do evento, tanto no bloqueio do espaço aéreo na região, quanto na interceptação de tropas que chegavam muito próximas.

O trabalho era feito com a ajuda de seres intraterrenos, pois a manipulação do que estava sendo retirado da região era feita através de DNA especifico, o qual nós não possuíamos.

A função de Daniel e dos demais era fazer a segurança do perímetro por terra, além de limpar o terreno no começo. Algumas vezes tiveram que enfrentar tropas da própria ONU ou de países aliados (como o próprio EUA), pois as tropas não recuavam. Inclusive casos em que houve execução de soldados (fogo amigo) e também de imprensa (com apreensão dos equipamentos) que chegavam ao local e viam demais.

O Iraque era dividido em 237 quadrantes pelos aliados. Cada pedaço era ranqueado com uma cor distinta, referente a ação que deveria ser feita no local. Por exemplo: amarelo era atenção e vermelho o sinal para intervenção armada.

O país inteiro foi e ainda é saqueado. Esse é o verdadeiro interesse na região. Eles (governo secreto) não precisam de petróleo faz tempo.

Algo curioso ficou na mente de Daniel durante toda a sua visita na região: se o local era fortemente monitorado e a guerra facilmente ganha, como os rebeldes tinham armamento e suprimentos? Como era possível que isso entrasse no país com todo o controle de fronteira existente?

CAPÍTULO 10

ANTÁRTIDA

A primeira vez das três vezes em que Daniel esteve no continente gelado foi no ano de 1997. Ele e seus companheiros saíram da famosa base militar americana no Catar e seguiram para a ilha de Madagascar, no continente africano, onde ficaram por dois dias. Voaram para a Austrália, seguindo para a Antártida logo depois.

A primeira parada foi uma base militar secreta russa, localizada perto da base oficial de Vostok – no centro/leste do continente, onde passaram cerca de dez dias em alojamentos que pareciam grandes containers. Alguns chagavam a medir cerca de 25 m x 50 m com 3,5 m de altura. Toda a instalação era subterrânea, camuflada pela neve e pintada de branco. Para fora, somente uma antena que também era pintada de branco, inclusive seus cabos de sustentação, o que os tornava praticamente indetectáveis.

Após esse período de aclimatização e de treinamento no gelo na base russa, seguiram para a base oficial americana de McMurdo, localizada na ilha Ross, na parte do continente que fica voltada para a Nova Zelândia. Por lá, passariam os próximos vinte dias em missão nas montanhas Transantartidas, que eram próximas.

A principal missão era a de fazer o perímetro se segurança para um encontro que aconteceria envolvendo oito pessoas, entre cientistas e militares, numa localização confidencial no meio das montanhas.

O trabalho da tropa de elite era fazer a busca e a limpeza num perímetro de cinco quilômetros do local designado. A cada um quilometro dos três primeiros quilômetros do perímetro de fora da região segura, era feito um anel eletrônico e outro interno de tropas militares. Nos dois quilômetros internos do perímetro, a segurança era feita a cada 500 metros e o ultimo anel, ao qual Daniel pertencia, ficava a apenas 350 metros do centro.

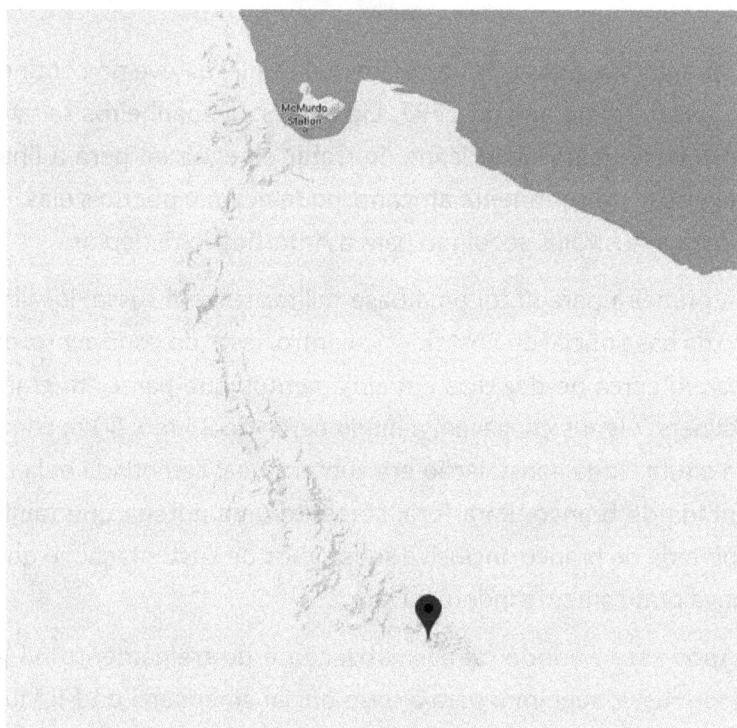

FIGURA 11: McMurdo (acima) e as montanhas Transantartidas.

O curioso é que dessa vez as armas eram diferentes. Tratavam-se de armas de raio laser, não convencionais, para as quais tinham recebido treinamento na base. Ninguém comentava, mas todos se olhavam com certo espanto em manusear algo tão fora da realidade cotidiana.

O *briefing* que receberam antes do evento dizia que não teriam grandes problemas naquele dia, pois o encontro seria feito com entidades "do bem", vindas de cidades intraterrenas.

As nuvens estavam bem baixas naquele dia. Até por isso estava difícil verificar se os seres viriam de cima. Num certo momento, Daniel avistou uma grande nave branca surgindo entre as nuvens. Era muito grande mesmo e imediatamente assustou a todos que estavam no local. A nave tinha cerca de 800 metros de cumprimento e por causa das nuvens não dava para ver seu fim. A altura era inimaginável. Daniel sentiu até um certo medo no momento, mas ele deveria focar em sua função.

A nave então pousou, e de sua porta principal saíram dois seres altos, com pele bem branca, cabelos brancos e olhos muito azuis – maiores que os humanos, bem grandes mesmo. Daniel observava com seu binóculo.

Ao saírem da nave, uma das criaturas olha na direção do pelotão e acena trazendo sua mão ao peito. Nesse exato momento, todos – sem exceção, assumiram posição militar de descanso: um joelho no chão, a outra perna dobrada em "L", com a arma cruzada no peito. Ficaram assim, sem se mexer, por cerca de três horas. Não sentiram dor, nem cansaço, mas não podiam se mexer. O corpo não respondia.

Vendo o pânico que aumentava entre os soldados, a criatura novamente se voltou a eles e, como se falasse com um a um mentalmente, disse: "fique calmo, não tenha medo, nada vai acontecer com vocês". A visão era assustadora: 150 homens ajoelhados e paralisados ao mesmo tempo.

Na saída, os seres entraram na nave que subiu e desapareceu entre as nuvens. Nesse momento, todos puderam se levantar e se perguntar o que será que tinha acabado de acontecer.

Daniel repetia para si mesmo que estava tudo bem, mas, no fundo, a ideia de que existe uma raça no universo que consegue nos controlar dessa forma, sem esforço algum, era assustadora.

Voltaram todos então para a base americana de McMurdo para mais interrogatórios da missão e exames médicos. Daniel, quando da terceira vez que esteve na base, já estava em casa. Conhecia cada canto – oficial e não oficial.

MCMURDO

McMurdo é uma base oficial dos Estados Unidos na Antártida. Qualquer pessoa pode acessar o Google e ver a cidade com ruas, casas e tudo mais.

O que Daniel conta é o que não conseguimos ver.

Logo atrás do tambores no sul da cidade há uma entrada para o subsolo. O prédio se chama "C3A" e tem acesso restrito. Descendo a escada, damos de cara com um laboratório e uma sala grande que possui uma espécie de cinema. É lá que Daniel e seus companheiros eram treinados e recebiam informações das missões.

FIGURA 12: Base de McMurdo e os tambores ao sul.

Na última vez em que Daniel esteve por lá, ele recebeu instruções nesse local sobre as entidades que poderiam encontrar nas missões. Uma delas, chamou bastante a atenção e acabaria sendo um dos piores encontros que ele já teve.

OS GUARDIÕES DO GELO

A base americana de McMurdo era o local do treinamento especifico de encontro com essas entidades. Na primeira vez em que esteve lá, Daniel passou uma semana em treinamento intenso para um eventual encontro. Esses treinamentos eram feitos em salas com tecnologia de simulação 3D (com óculos virtuais) que simulavam os encontros e todas as possíveis reações de ambas as partes.

Essas criaturas são descritas por Daniel como uma mistura estranha entre um gorila e um cachorro grande. São grandes – cerca de 1,80 m de altura, inteligentes, possuem pele grossa, são brancas e têm olhos bem azuis, o que dificulta sua visão na região por causa do gelo e da neve.

A informação que foi passada no treinamento é de que essas criaturas foram criadas artificialmente pelos nazistas entre os anos 30 e 40 do último século, trazidas para a Antártida – onde o 3° Reich (que se tornaria o 4° Reich) já tinha base e treinados para servir como primeira defesa das bases contra visitas não desejadas.

São entidades extremamente violentas, muito fortes, ágeis e de difícil detecção na região. Além do mais, possuem um considerável poder mental, apesar de parecer não saber o que protegem, pois algumas vezes chegaram até a paralisar alguns soldados que encontraram em combate, antes de matá-los ou sequestrá-los. No segundo caso, ninguém nunca voltou para contar a história.

Esses seres estão espalhados numa área geográfica muito grande, protegendo basicamente quatro bases, do agora, 4° Reich. Eles formam uma barreira em volta da região. A Antártida é dividida pela comunidade terrena e não terrena em quadrantes, de acordo com as cidades e bases que se encontram abaixo do gelo.

Existem diversas cidades e bases abaixo do gelo Antártico. Cidades nos nossos moldes mesmo, com ruas, trilhos, prédios, naves e tudo mais que possamos imaginar.

Em meados do ano de 2017 houve a última conferência entre seres humanos e entidades não humanas com presença no planeta para discutir essa divisão geográfica do continente e também discutir o perímetro de cada uma, para que se assegurasse que todos teriam uma divisão honesta e uma privacidade garantida.

FIGURA 13: Representação aproximada da criatura
(Filme A Múmia 3 – Universal/2008).

O ENCONTRO

O primeiro e único encontro de Daniel com essa criatura não foi nada agradável, como já era de se esperar.

Daniel e seus companheiros estavam na base de McMurdo quando foram chamados para o famoso *briefing*, ou seja, o detalhamento da missão que estava por vir. Dessa vez, a ordem era investigar-observar, a distância, as atividades que ocorriam numa das bases secretas do 4º Reich que se encontrava a oeste do território norueguês, conhecido como Terra da Rainha Maud (ou *Maud Land*), nas montanhas locais.

Os poucos homens que foram designados para essa missão – cerca de trinta – foram de helicóptero até alguns quilômetros de distância do local e seguiram de lá a pé A olho nu, não se via nada na neve, nem nas montanhas. Mas todos sabiam que a qualquer momento algo poderia acontecer.

O comando fez o perímetro da área e se posicionou para a observação. Após cerca de uma hora no local, um deles chama a atenção dos demais no rádio por uma suspeita de algo que se movia entre o gelo. Foi quando, de longe e por binóculo, Daniel observou uma das criaturas abordar ferozmente o companheiro com uma mordida tão potente que arrancou sua cabeça e a jogou para longe, para em seguida desmembrar o restante do corpo.

Imediatamente todos recuaram e partiram em retirada. Na ocasião, Daniel ainda teve tempo de ver um humano de cerca de 1, 90 m, loiro, branco e com porte físico forte a distância, portando-se como se fosse um comandante. Felizmente essa foi a única baixa do encontro, mas na saída ainda observaram várias dessas criaturas rondando a tropa, como se quisessem ter certeza de que eles estavam de saída e não voltariam mais.

CAPÍTULO 11

A ÚLTIMA MISSÃO

Daniel e seus companheiros estavam novamente na base do Qatar, quando receberam o recado do deslocamento para a Somália. O ano era aproximadamente 2003 e a base de destino, localizada próxima a tríplice fronteira Somália, Etiópia e Quênia, era de domínio dos americanos e oficialmente pertencia a forças da OTAN,

A missão da tropa de elite era de reconhecimento da área, pois havia suspeitas de que entidades não humanas – mais especificamente os conhecidos como reptilianos e greys – estavam atuando na região sem autorização. Quando isso acontecia, normalmente era relacionado à abdução de humanos.

Nessa base, todos do comando receberam mais treinamentos de confronto com essas entidades. Após todas as instruções, seguiram para a região designada – mais adentro do território Somaliano, ao sul da cidade de Doolow.

Todos os dias, pela manhã, os soldados tomavam uma dose de bebida alcoólica (normalmente vodca), como uma forma de lidar com infecções naquele ambiente inóspito.

Dessa vez não foi diferente. Após a tradicional dose matinal no terceiro dia de patrulhamento, todos marcharam bem cedo deserto adentro para a área de cobertura daquele dia. Por volta das seis horas da manhã, o comandante da tropa recebe um aviso via rádio de que um comboio da ONU que estava indo em direção ao Quênia teria que passar pela região e a ajuda deles era necessária para a segurança até a fronteira, próximo da cidade de Mandera.

A tropa então parou e ficou aguardando o comboio. Eram cerca de noventa homens fortemente armados e a pé. Caso necessitassem de ajuda, pediriam via rádio a ação dos helicópteros para resgate, mas a cobertura era toda feita pelo chão e sem veículos automotores.

Algumas horas depois, o comboio com cinco caminhões chegou carregado com caixas de madeira cobertas com uma lona marrom, parecendo ser mantimentos ou algo do gênero. Ninguém perguntou, como já era esperado.

Como não era possível que os cinco caminhões dessem carona aos noventa soldados que os escoltavam, todo o comboio seguiu então a 5 km/h acompanhando o marchar da tropa, que tinha dez de seus homens nos caminhões e o resto marchando, revezando-se de tempos em tempos.

FIGURA 14: Tríplice fronteira Somália, Etiópia e Quênia, na África.

Alguns minutos de deslocamento nesse ritmo se passaram, quando em meio a nevoa matinal, Daniel avistou com seu binóculo – enquanto estava no revezamento no caminhão – uma movimentação adiante. Checaram o equipamento e o satélite não mostrava nada, por algum motivo. A suspeita era de queimada ou algo do gênero, mas a névoa impedia a visão na ocasião.

Foi quando Daniel percebeu que se tratava de um grupo de pessoas vindo na direção oposta. Provavelmente refugiados dos campos de Melkadida ou Kobe, na Etiópia. A estimativa era de aproximadamente quinhentas pessoas. Imediatamente Daniel comunica o avistamento à tropa após dar o grito de "atenção" a todos.

No mesmo instante, o comandante da operação – um major do exército norte-americano – pediu formação à tropa de elite diretamente do segundo caminhão do comboio. De lá, ele chamou Daniel, que estava no caminhão à frente, para ficar ao seu lado. Imediatamente, todos os caminhões se encostaram, travando assim um no outro e formando algo parecido com uma locomotiva.

O major e Daniel ficaram em cima das caixas dos caminhões observando a tropa em formação no chão e a multidão se aproximando. Daniel pensava nessa hora que só tinha duas coisas a se fazer: atirar em todo mundo, o que seria um absurdo por diversas razões, ou empurrar a todos para que se mantivessem longe do comboio e dos soldados. A segunda opção foi dada como ordem.

No encontro com a multidão de refugiados, enquanto a tropa em formação empurrava e deslocava as pessoas que vinham em sua direção, o major de cima do caminhão pegou uma vara de bambu que protegia a lateral de um dos caminhões. Com ela, ele começou a bater com forca nas pessoas que passavam ao lado do caminhão onde se encontrava.

Daniel não entendia o que o major estava fazendo e pediu educadamente para que ele tivesse calma. O major nem olhou para trás e continuou batendo com mais força. Daniel suspeitava que o comandante da operação estivesse sobre influência de entorpecentes, pois seu comportamento não era normal e muito menos sua fisionomia.

Foi então que a vara de bambu operada pelo major acertou o olho de uma criança no colo de sua mãe, certamente a cegando. Não contente, ele ainda bateu na mãe com o instrumento em seguida. Daniel, vendo a situação, não se conteve e deu uma cotovelada no major, fazendo-o cair em meio à lona e fazendo com que o bambu caísse para fora do caminhão.

Imediatamente, o major puxou sua pistola e apontou para Daniel, dando voz de prisão. Daniel tirou então a sua pistola, aponta-a para o major, e disse: "atira!". Ele percebeu que o major não estava em pleno controle de suas atitudes e não hesitou, dando mais de nove tiros no comandante.

Daniel perdeu o equilíbrio, bateu na quina do caminhão e caiu de costas no chão, perdendo assim o fôlego com a pancada. Nesse momento ele percebeu uma picada do lado direito do seu pescoço e logo após uma outra picada do lado esquerdo, o que deveria ser morfina ou qualquer outra substância calmante que o fez desmaiar imediatamente.

PRISIONEIRO

Daniel acordou horas depois já dentro de um avião, sem saber seu destino e sem ter ninguém ao lado para perguntar. Estava em uma poltrona, com cinto de segurança afivelado, sozinho no fundo da aeronave.

Minutos depois pousaram na cidade de Marselha, no sul Franca, à beira do mar Mediterrâneo. Daniel então foi levado a um quartel da Legião Estrangeira, onde passou cerca de uma semana. Foi muito bem tratado, mas não conseguiria informações sobre o que estava acontecendo. Ninguém ali sabia informar o porquê de sua prisão ou qual seria seu destino a seguir.

Nesse período em Marselha, Daniel encontrou um sargento com quem ele fez uma missão alguns anos antes. Como os companheiros de missões mudam muito de uma para outra, não é muito comum reencontrar pessoas nos deslocamentos. O colega não tinha informações do porquê Daniel estava ali e também dos próximos passos.

Infelizmente não tinha acesso às informações. Aparentemente, a mesma situação de todos no quartel.

Sua cela era confortável. Media aproximadamente 4,5 m x 4,5 m e tinha banheiro e chuveiro com água quente, uma mesinha para tomar café ou ler, televisão, jornais e revistas – todas em Francês, o que não ajudava muito, mas distraia às vezes. Além disso, tinha direito a banhos de sol diários. Com o passar do tempo, foi pegando amizade com o pessoal do quartel e passou a participar das atividades físicas com o pelotão local, algumas vezes até dando instruções sobre armamentos e táticas.

Depois de uma semana em Marselha, começou o rodizio de prisões pelo mundo. Primeiro passou cerca de vinte dias na Argélia, depois num quartel perto de Roma, Itália, logo após indo a uma prisão na Córsega, para então voltar a Marselha e passar mais um mês por lá. Logo após, continuou preso numa outra cidade litorânea francesa, para ser transferido para um quartel em Gibraltar – perto das docas da marinha inglesa – quando foi finalmente transferido para a América do Sul: passou quinze dias preso na Guiana Francesa. Logo após, ficou uma semana no Suriname para ser então transferido a um quartel em Manaus (operação de selva). De lá, ficou preso em vários locais no Brasil incluindo Bahia, Rio de Janeiro, mas principalmente no quartel de Rio Grande, no estado do Rio Grande do Sul.

No total foram oito meses de prisão viajando o mundo. Durante esse período, obviamente sem a ciência de Daniel, todos os seus amigos e familiares receberam visitas de autoridades locais. Essas "visitas" eram batidas policiais – normalmente um delegado da polícia federal brasileira, acompanhando dois ou mais agentes estrangeiros não identificados – que reviravam a casa das pessoas de cima a baixo, procurando fotos, cartas, computadores e qualquer documento que tenha enviado a eles que provasse que Daniel serviu a tropa de elite secreta. Inclusive algumas intimidações foram reveladas.

Mais tarde, todo esse processo geraria muitos problemas para Daniel em seu cotidiano. Muitos parentes não quiseram conversa com ele, amigos sumiram e inclusive a mãe de sua filha na ocasião cortou relações totalmente. Esse era o preço que o seu trabalho lhe cobraria.

CAPÍTULO 12

VOLTANDO PARA CASA

Quando foi liberado da prisão do quartel de Rio Grande, Daniel seguiu para Porto Alegre e foi levado de ônibus para Brasília, onde reside sua família. Uma viagem longa, onde pode refletir sobre vários momentos desses últimos anos e também pensar sobre o que seria de sua vida agora. Ele sempre foi um guerreiro, um soldado. A incerteza do futuro o incomodava.

Ao chegar na capital do Brasil, desembarcou na rodoviária. Pegou um táxi e desceu na porta do que acreditava ser a sua casa. Para sua surpresa, não era. Tocou a campainha e uma senhora atendeu a porta. Daniel se desculpou e agradeceu. Não conseguia se lembrar o endereço de sua casa. Uma sensação nova e estranha de não saber onde estava, mesmo se sentindo em casa na cidade que conhecia como a palma de sua mão. Foi então que foi até um orelhão e telefonou para seu pai, que prontamente foi lhe buscar no endereço provido.

Os primeiros dias em casa foram muito difíceis. Apesar de todo o apoio recebido de seu pai e de sua mãe, viu seus irmão e o resto da familial virando-lhe as coisas, evitando conversa. Algumas vezes Daniel pode escutar conversas que o chamavam de mentiroso e que ele vivia uma vida dupla de que todos ali foram vítimas. Além do mais, aquela casa – a mesma que ele havia crescido – não lhe parecia familiar. Era como se estivesse num local estranho.

Como se não bastasse, começou a reparar que tinha lapsos de memória. Muitas vezes quando saía de casa esquecia para aonde estava indo e outras vezes não lembrava o caminho de volta. Uma simples ida ao mercado poderia levar horas ou um dia inteiro. Aliás, até os dias de hoje, Daniel algumas vezes ainda para o carro na rua para se lembrar do caminho e de seu destino.

Daniel estava dormindo, quando conseguia, cerca de duas ou três horas por noite. Muitas vezes deitava na cama e ficava pensando na vida, nas coisas que passou e no que iria fazer dali para frente.

Numa dessas noites pensando, começou a se perguntar do porquê dos lapsos de memória. Ele não conseguia entender como poderia estar sofrendo disso se sempre teve uma mente muito clara e rápida. Até que um belo dia lhe vieram algumas memórias que conseguiram explicar o que se passava.

A primeira tratava-se de seu período preso em Marselha. Lá aconteceram alguns interrogatórios sobre suas missões e seu trabalho, mas logo após os mesmos ele era colocado numa cadeira confortável, reclinada, com um dispositivo que descia à sua cabeça – como uma cadeira de salão de beleza feminino – que certamente seria usado para apagar suas memórias.

FIGURA 15: Cadeira de salão de beleza parecida com a utilizada para apagar memórias.

Continuando seu pensamento, conseguiu se lembrar de mais coisas. Todas as vezes que aconteciam missões onde a tropa encontrava entidades não humanas, eles passavam pelo mesmo processo da "cadeira" – certamente para apagar suas memórias. Muitas vezes, lembrou, todos os combatentes saíam dos laboratórios cambaleando de cansaço e sono, indo diretamente para seus quartos para dormirem por longos períodos logo em seguida.

Daniel não conseguia acreditar que não tinha lembrado disso até aquele momento. Era mais uma prova de que essa tecnologia havia sido usada de verdade. Junto com suas memórias de guerra, algumas outras coisas foram junto, como sua habilidade para natação e até como manusear um paraquedas, coisas antigamente corriqueiras que agora se transformavam em algo inédito para sua mente. Era impressionante para ele pensar quantas vezes ele se submeteu a esse processo durante todos os anos que serviu a tropa de elite oculta, mas que agora conseguia perceber todos os seus efeitos.

CAPÍTULO 13

TECNOLOGIAS A SERVIÇO DE QUEM?

N o livro The Ascension Mysteries, ou Os Mistérios da Ascensão – numa tradução livre (Wilcock, 2016), David Wilcock, autor e pesquisador, descreve suas conversas com um de seus informantes chamado Pete Peterson.

Pete vem de uma família muito interessante. Seu avô foi o braço direito de ninguém mais, ninguém menos que Nicola Tesla (1853-1943), inventor sérvio e certamente um dos maiores gênios que já passaram por esse planeta.

David fala que numa de suas conversas, Pete confirma que a frequência supersônica da televisão pode ser modificada para atrair a atenção dos telespectadores e que mais de oito estratégias diferentes estão sendo usadas para manipulá-los subliminarmente todos os dias – entre elas a famosa PNL, ou Programação Neuro Linguística. Um dos exemplos que ele menciona é a mensagem "obedecer e consumir" sendo exposta num vídeo onde os olhos não conseguem captar, mas as informações são levadas diretamente para o subconsciente.

Essa tecnologia tem um histórico de ser usada em vários meios de comunicação, não somente na televisão, mas também nas músicas, rádios e no mercado publicitário em geral, inclusive com a exploração de arquétipos – figuras ou imagens que conversam diretamente com o subconsciente humano.

Essa técnica não é somente usada na população em geral, mas também nos militares e certamente foi usada em Daniel. Tanto para que executasse sua missão com precisão e sem emoções, mas também no que tange ao esquecimento dos fatos apos terminada sua obrigação.

CONSCIENTE X SUBCONSCIENTE

A mente humana é realmente fascinante. Ela é basicamente dividida em três partes: o inconsciente, o subconsciente e o consciente.

O inconsciente é a parte que cuida das funções automáticas e involuntárias do corpo, como a respiração, os batimentos cardíacos, a digestão e assim por diante. Além disso, ele controla o sistema imunológico e funções afins.

O consciente é aquela parte da mente que permanece desperta e focada no presente. Sempre preocupada em resolver o problema momentâneo, sendo muito racional, analítica e responsável pela forca de vontade. Sua principal função é analisar o caminho mais rápido para a solução do problema que lhe é apresentado no momento, sem se preocupar com consequências futuras. La estão armazenadas as memórias de curto prazo. Sendo rápido e objetivo, ele não gosta de repetições ou informações muito demoradas e longas. A comunicação com ele deve ser rápida e precisa.

O subconsciente é onde se encontram nossas emoções, hábitos e memórias de longo prazo. Ele está sempre procurando o caminho mais fácil de resolução de problemas de longo prazo, levando em consideração seus conhecimentos de toda a vida (ou vidas) e se focando na nossa autopreservação. Ele gosta de repetições e comunicações lentas e frequentes.

Chamamos de "Fator Critico da Mente" toda sugestão que consegue passar a barreira do consciente e acessa o inconsciente sem ser rejeitada. Essa análise é feita baseada na crença e experiência da pessoa. Caso venha a afirmar o que o inconsciente já sabe, é aceito. Caso a nova informação venha de encontro às suas crenças, ela é rejeitada.

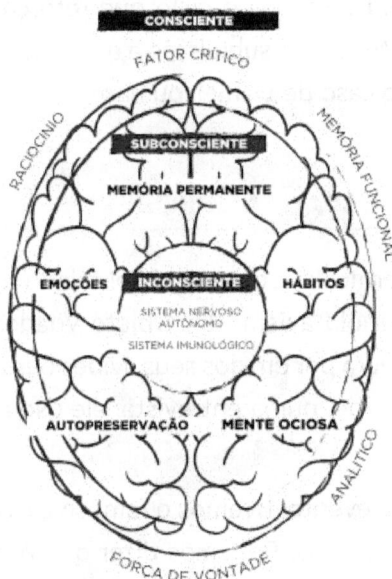

FIGURA 16: Modelo da mente humana. Fonte: Gerald Kein.

No caso das informações subliminares ou técnicas, diversas de comunicação, a tentativa é a de driblar a mente consciente – através de informações que não são captadas pela mente consciente – e são entregues, captadas e absorvidas diretamente pelo inconsciente.

O problema é que essas mensagens são "ordens" que nos são dadas e que vão ao encontro do que gostamos, queremos e procuramos desde sempre. O exemplo de "obedecer" e "consumir" dados por

Wilcock são ótimos, pois nos dois casos nossa mente aceita e gosta das sugestões, pois são ações que nos fazem sentir bem, aceitos e felizes pela forma que fomos criados e que a sociedade está moldada.

Como o subconsciente adora uma repetição, o fato de isso ser repetido exaustivamente não nos incomoda, pelo contrario. Sentimo-nos bem cada vez que temos essa afirmação. Isso tudo volta para nós como endorfina, serotonina e outras recompensas químicas que o cérebro nos dá. Isso fecha o ciclo que reforça o sucesso dessas sugestões e perpetua nossa submissão a quem nos controla – sejamos militares, como no caso de Daniel, ou não.

PROGRAMA ESPACIAL SECRETO

Em 1947, o termo "disco voador" foi criado após o militar americano Kenneth Arnold avistar um Objeto Voador Não Identificado (OVNI) na sua procura por um dos seus aviões perdidos num exercício de batalha. Mais tarde, numa entrevista, ele usou o termo que seria imortalizado.

Logo após esse evento, tivemos o famoso caso da cidade de Roswell, nos Estados Unidos. Podemos dizer que é o primeiro caso de avistamento e contato com extraterrestres registrado oficialmente na história humana – se formos pela mídia e ciência tradicional, obviamente.

Roswell foi basicamente uma queda de um disco voador, onde foram encontrados corpos de seus tripulantes, e tudo isso foi avistado e testemunhado por cidadãos locais. O fato chegou até a ser publicado nas primeiras páginas dos jornais locais no dia seguinte, para serem desacreditados logo em seguida, quando os militares disseram que se tratava de um "balão meteorológico".

Depois da Segunda Guerra Mundial (1938-1945), os Estados Unidos implantaram um projeto chamado "Operação Paperclip". Ela consistiu em contratar todos os cientistas que encabeçavam a organização nazista de Adolf Hitler para serem peças-chave no desenvolvimento do país, principalmente em tecnologias aeroespaciais. Tanto que o seu principal cientista, Wenher Von Braun (1912-1977) foi chefe da NASA (agência espacial americana) durante vários anos, inclusive participando ativamente nas missões Apolo, a qual levou o homem à lua em julho de 1969.

FIGURA 17: Von Braun no círculo de cima e Adolf Hitler ao centro com a liderança nazista em 1933 (Fonte: anecdotes-spatiales.com).

O que está por baixo dessa operação e a transferência de tecnologia de discos voadores, amplamente conhecida pela Alemanha nazista. Após a Guerra foram encontrados diversos protótipos e planos de aeronaves com tecnologia muito mais avançada que as demais na época. William Tompkins, engenheiro aeroespacial hoje aposentado, diz que participou na criação do Programa Espacial Secreto e que também estudou documentos sobre veículos com tecnologia antigravitacional desenvolvidos nazistas na Seguna Guerra Mundial.

Falando nas missões Apolo da NASA, um de seus astronautas da edição 14 acabou sendo um dos maiores *whistleblowers* (uma expressão para "dedo-duro", em inglês): Edgard Mitchell. Ele dizia abertamente que o caso Roswell era verdadeiro e que a humanidade já estava em contato com os extraterrestres há décadas.

Nesse mesmo contexto, o ex-ministro da defesa canadense (de 1963 a 1967) Paul Hellyer, hoje com 96 anos (2019), ainda diz que os governos têm contato com, pelo menos, quatro raças alienígenas.

Desde então o assunto de uma força espacial secreta ficou exclusivamente sendo discutido entre os ditos "teóricos da conspiração" até o ano de 2019. Em fevereiro desse ano, o então presidente americano Donald Trump assinou o termo que cria uma Forca Espacial Americana Militar (SPD-4), oficializando o que já era dito há anos.

Agora, te perguntamos. Por que precisaríamos de uma forca espacial se uma força extraterrestre não fosse conhecida?

David Wilcock, no já mencionado "Ascension Mysteries", comenta sobre seu informante de codinome Jacob. Ele seria um ex-militar de alto ranking que teria apresentado provas irrefutáveis sobre a existência de um programa espacial secreto desde a Segunda Guerra. Ele é apenas um em meio a tantos que estão vindo à publico com informações impressionantes. Wilcock estuda a fundo cada uma delas; vale a pena a leitura.

Hoje em dia é praticamente impossível falar em Programa Espacial Secreto ou qualquer assunto relacionado a extraterrestres e não falar de Corey Goode. O americano ex-profissional de Tecnologia da Informação alega ter sido treinado desde criança como um empata, para finalmente ser abduzido para trabalhar num programa chamado "20 and back" – vinte e volta, numa tradução livre.

Esse programa consistiria em vinte anos de trabalho para o Programa Espacial Secreto em diversas funções, para depois ter sua memória apagada, seu corpo físico regredido quimicamente para a aparência inicial e colocado de volta no momento da abdução, através da regressão no tempo por uma máquina especial para essa função.

Sim, isso é muito confuso. Corey diz que ele passou por essa experiência por três vezes, ou seja, serviu sessenta anos ao programa. Se você quer saber mais e só procurar seu *website* e sua história, também no programa "Cosmic Disclosure" ou Revelações Cósmicas numa tradução livre, na TV Gaia. Mas aqui mencionaremos somente algumas coisas do que ele diz sobre a presença extraterrestre na Terra.

Na sua volta definitiva do programa com o serviço espacial secreto, Corey relata encontros intrigantes com extraterrestres em nosso planeta. São seres intraterrenos, ou seja, vivem dentro da crosta da Terra.

Numa de suas historias, ele descreve uma mulher chamada A'ree, que acaba desenvolvendo uma amizade com ele e até certo afeto, pois uma cerimonia de abertura de mente, se assim posso dizer, foi realizada entre eles.

Ele descreve várias visitas a esse povo, inclusive mencionando que não seriam os únicos presentes por aqui. Entre os citados, varias raças de reptilianos, insectoides e os famosos "aviários" que, inclusive, são seus guias e protetores.

Corey menciona também que na sua época de serviço ao comando espacial, ele teve acesso a diversas tecnologias. Muitas delas similares a que Daniel descreve em sua jornada. Uma delas é a do chamado "smart glasses" ou tablets – mas imagine que estamos falando do começo dos anos 90. Isso era quase inimaginável na época, não fossem os filmes e séries de ficção científica, como Star Trek (Jornada nas Estrelas), que já apresentavam tal ideia ao público.

DAVID ICKE E EMERY SMITH

Não podemos deixar de mencionar duas figuras interessantes na questão da presença extraterrestre na Terra.

O primeiro é David Icke. O britânico ex-jogador de futebol foi ridicularizado por quase toda a sua vida por afirmar que extraterrestres estão na Terra e mais: controlam um governo oculto e estão presentes em todos os comendo mundiais.

Icke hoje vive uma nova fase. Com as informações que estão sendo levadas a publico recentemente, várias teorias que ele já comentava há anos estão sendo reveladas como verdadeiras. Ele tem diversos livros publicados e faz varias palestras pelo mundo.

Emery Smith é uma figura nova no cenário, mas muito intrigante. Ele é um veterano da força aérea americana que diz ter sido médico legista em bases secretas, trabalhando lado a lado com seres não humanos e feito autopsia de milhares de corpos extraterrestres.

Ele descreve, também na série "Cosmic Disclosure" da TV Gaia, com riqueza de detalhes, suas experiências de trabalhar lado a lado com esses seres e sua impressão sobre eles. Foram dezenas de espécies de alienígenas que eram parceiros dos militares.

TECNOLOGIA HUMANA

Diversas patentes relacionadas com a indústria aeroespacial são registradas todos os anos. Além disso, com as leis de liberação de documentos com mais de 50 anos para a população geral nos Estados Unidos, alguns projetos intrigantes são revelados. Sem mencionar os liberados por Edward Snowden e Wikileaks.

Eu gostaria de aproveitar a reportagem da Revista Ufo brasileira, em sua edição virtual de abril de 2019, escrita por Mel Polidori, intitulada "Marinha americana projetou secretamente nave com tecnologia reversa".

A reportagem diz que, através de uma análise de patente americana, é possível dizer que os militares apresentaram planos de construção de uma aeronave que "usa um dispositivo de redução de massa inercial para viajar a velocidades extremas".

Certamente se trata de uma tecnologia extremamente complexa para a mente comum, mas ela supostamente utiliza ondas gravitacionais para tal feito. A curiosidade é que essas ondas foram descobertas somente em 2016, quando observamos a colisão entre dois buracos negros. Isso significa que, através da forca eletromagnética, a nave cria uma espécie de vácuo a sua volta, eliminando assim toda resistência e fazendo com que o veículo atinja enormes velocidades, podendo ser usada no ar, na água ou no espaço sideral – conforme descrito na própria patente.

A reportagem ainda menciona os projetos de estudo de Óvnis do Pentágono americano, o qual requisitou informações sobre 38 diferentes projetos que incluem tecnologias de "antigravidade, invisibilidade, motor de dobra espacial e buracos de minhoca", entre outros métodos de propulsão nada convencionais.

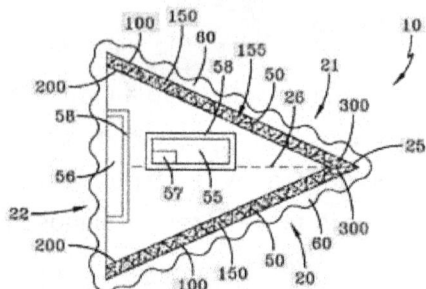

FIG-1

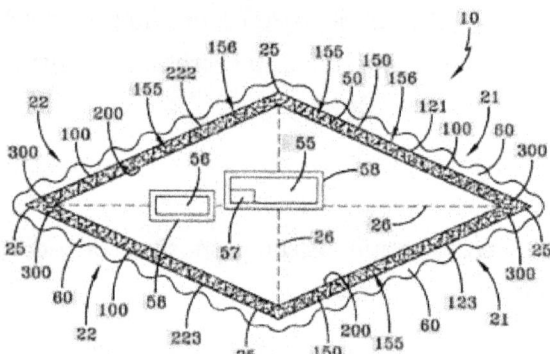

FIG-2

FIGURA 18: Desenhos originais da patente. Fonte: Salvatore Cezar Pais / Google.

Todas essas patentes já foram liberadas até 2018. Não há confirmações de que as aeronaves tenham sido fabricadas e testadas, mas há relatos de avistamentos que vêm ao encontro das características mencionadas nos projetos descritos acima.

Vejam bem. Isso é um registro oficial da marinha americana e não uma teoria conspiratória ou roteiro de filme de ficção científica. Não é uma questão de querer acreditar ou ter fé em algo. Trata-se da realidade, não importa se você a aceita ou não.

O que Daniel viveu e sentiu na pele por mais de vinte anos está começando a ser revelado agora.

CAPÍTULO 14

DESABAFO DE UM COMBATENTE

Este capítulo foi escrito por Ted Heidt – o "Daniel" da vida real, como um desabafo.

A coligação americano-britânica tornou-se responsável, quando da recente invasão armada do Iraque, por crimes internacionais. A qualificação da agressão como crimes contra a paz não deixa dúvidas; além disso, a prática de crimes de guerra e de crimes contra a humanidade pode ser facilmente demonstrada. A condenação internacional foi, contudo, extremamente tímida, e a luta contra a impunidade de tais crimes, mesmo sendo bastante desejada por uma jurisdição internacional *ad hoc*, parece ser politicamente difícil de realizar. Isso nos leva, mais do que nunca, a repensar o direito internacional e a organização da sociedade internacional em torno da questão da justiça contra as tropas americano-britânicas.

Sem dúvidas, os crimes da coligação anglo-americana são um atentado aos interesses fundamentais da comunidade internacional e agitam a consciência de toda a humanidade (e a mobilização das opiniões públicas assim o confirma!). Por essa razão, suscitam o debate acerca da necessidade absoluta da existência de normas imperativas do direito internacional, a denúncia e a repressão desses odiosos crimes. Somente assim, no futuro, a repetição de tais atos será cada vez menos tolerável e cada vez mais incômoda aos norte-americanos e britânicos.

Em tempos de balanço das vítimas humanas e dos outros danos causados pelas operações militares da coligação anglo-americana, fala-se já em pós-guerra. Entretanto, apenas de um determinado pós-guerra – o de um Iraque "livre". O pós-guerra não pode, no entanto, ser limitado à ajuda humanitária e à reconstrução do Iraque; deve também criar condições para que seja feita justiça ao povo ira-quiano e à comunidade internacional. Uma paz duradoura na região não poderá evitar essa fase de luta contra a impunidade de todos os crimes internacionais. Ou seja, tanto os cometidos pelas autoridades iraquianas nas últimas décadas, quanto os perpetuados pela coliga-ção anglo-americana no que se deve apelidar, como fez **Sami Nair**, de "**invasão colonial**". Sem ter sido feita justiça, a vingança tomará irremediavelmente a forma de atos terroristas, último recurso das vítimas, condenadas a fazer justiça com as próprias mãos. A justiça facilita também a reconciliação nacional.

Nos últimos anos, foram elaboradas várias propostas sobre os crimes do regime iraquiano. Entre elas, a instituição de um tribunal internacional *ad hoc*, solução recentemente reiterada pelas **ONG**, entre as quais a **FIDH**, que só podemos aprovar, visto que o Estatuto de Roma, que criou o tribunal penal internacional, estabelece que este não tem efeitos retroativos (para os atos anteriores à sua entrada em vigor, em julho de 2002).

Sobre os crimes da coligação anglo-americana as vozes são mais discretas([1]), mas sem estarem ausentes, ilustração desta insustentável política de dois pesos e duas medidas; desta é exemplo a proposta de um embaixador americano sobre a questão dos crimes de guerra, segundo a qual "o Conselho de Segurança deverá igualmente limitar a jurisdição do Tribunal aos crimes dos dirigentes iraquianos e não perder tempo com duvidosas queixas respeitantes ao comportamento das forças da coligação durante a Guerra do Golfo e a operação Liberdade iraquiana. O Conselho de Segurança deve tomar decisões pragmáticas e desta vez as coisas correrão melhor".

É de fato mais fácil, ou menos incômodo, denunciar os crimes do mais fraco. Que seja permitido aos juristas perder tempo com estas queixas, cada vez menos duvidosas, de três formas: a qualificação, a condenação e a repressão dos crimes em causa.

I. À qualificação dos crimes perpetrados importa em primeiro lugar qualificar os atos cometidos pela coligação que serão susceptíveis de acarretar uma responsabilidade jurídica.

1. O primeiro crime cometido, e o mais grave para a estabilidade das relações internacionais, é, sem dúvida, o crime de agressão. A comunidade jurídica está de acordo sobre o fato de que o desencadear das hostilidades anglo-americanas constitui uma violação do direito internacional, não podendo basear-se na resolução **1441** do Conselho de Segurança, não entrando no quadro da legítima defesa e não podendo ser inscrito no quadro de uma guerra preventiva – *apesar do estudo feito sobre meu caso em 1997* –, conceito inexistente no direito internacional. Num julgamento do Tribunal de Nuremberg, em 30 de setembro de 1946, pode-se ler que "desencadear uma guerra de agressão não é apenas um crime internacional: é o crime internacional supremo, apenas diferindo dos outros crimes de guerra pelo fato de os incluir a todos". Além disso, no caso do estreito de Corfu, o Tribunal Internacional de Justiça, ao pronunciar-se sobre um pseudodireito de intervenção, sublinhara que: "O pretenso direito de intervenção apenas pode ser visto como a manifestação de uma política de força, política que no passado deu lugar aos mais graves abusos e que não poderá, por maiores que sejam as deficiências atuais da organização internacional, ter lugar no direito internacional. A intervenção é provavelmente ainda menos aceitável na forma particular que aqui apresenta porque, reservada pela natureza das coisas aos Estados mais poderosos, poderá facilmente levar ao desfigurar da própria administração da justiça internacional".

A qualificação de agressão (definida na **resolução 3314** da assembleia-geral de 14 de dezembro de 1974, adotada por consenso e retomada pelo Código dos crimes contra a paz e a segurança da humanidade da Comissão do Direito Internacional), no caso atual de uma operação militar direta, é incontestável: "a agressão é o emprego da força armada por um Estado contra a soberania, a integridade territorial ou a independência política de um outro Estado, ou de qualquer outra forma incompatível com a Carta das Nações Unidas". A agressão, qualificada como crime internacional pelo projeto de artigos sobre a responsabilidade dos Estados, "é a forma mais grave e mais perigosa do uso ilícito da força" (segundo os termos da **resolução 3314**). A qualificação de crime de agressão é importante para a ulterior execução da responsabilidade penal individual.

2. A coligação americano-britânica pode também ser responsável de crimes de guerra. As informações de que dispomos atualmente são obviamente parciais, com os agressores fazendo de tudo para que apenas surjam dados indicando uma guerra limpa. No entanto, a partir de um determinado número de informações, podem já ser esboçadas algumas conclusões, devendo no seu conjunto ser submetidas à uma comissão internacional de inquérito. A Coligação Internacional para o Tribunal Penal Internacional difundiu um aviso feito por cerca de cem juristas – antes mesmo do início das hostilidades e à luz dos precedentes ocorridos durante a Guerra do Golfo e nas campanhas do Kosovo e do Afeganistão – aos dirigentes americanos e britânicos do risco de acusações por crimes de guerra.

Foram cometidas numerosas violações às regras fundamentais do direito da guerra (especificamente aos **artigos 35, 48, 51, 52 e 53** do Protocolo adicional às Convenções de Genebra relativo à proteção das vítimas de conflitos armados internacionais, posteriormente Protocolo I), que dizem que as partes em conflito devem em qualquer circunstância diferenciar objetivos militares de bens e pessoas civis (*não podendo estes ser vítimas de ataques*) e que não podem ser usados meios de ataque desproporcionados ou indiscriminadamente. Os seguintes fatos, não exaustivos, parecem constituir crimes de guerra:

- Bombardeamentos indiscriminados sobre várias cidades, como o que atingiu Al-Hilla a 1 de abril. Nele, segundo o Comitê Internacional da Cruz Vermelha, todas as suas vítimas foram civis, o do mercado de Bagdá, em 26 de março, e o que atingiu o bairro residencial de Al-Mansour, em Bagdá, em 7 de abril, causando numerosos mortos e feridos civis;
- Dois modos de ataque indiscriminados e desproporcionados: por um lado, o método da "coluna infernal" utilizado em Bagdá e em várias cidades do sul pelos blindados US e, por outro, a prática correspondente à ação "search and kill" (buscar e matar, em tradução livre) utilizada pelos marines americanos, ao matar inúmeros civis sem sequer lhes apelar a sua rendição e abusando de uma força "desapropriada". Numerosas vítimas entre os civis foram provocadas sem apelo à rendição ou após apelos posteriores de militares de forças especiais da linha de frente a Killer Troop (²) que, no crepúsculo, utilizou de suas tecnologias e pulverizaram tropas

americanas colocadas em barreiras em Nadjaf e Al-Hilla como forma de retaliação às ações indiscriminadas a civis. Com isso, a coalisão usou tal fato para aumentar seu alerta a atos terroristas por iraquianos ou aliados;

- Recurso a bombas de fragmentação, constatado pelo representante da Cruz Vermelha no Iraque, como em Al-Hilla e em Bassorá, denunciado pela Anistia Internacional (*comunicado de imprensa de 27 de março de 2003*) e pela Human Rights Watch (*comunicado de 16 de abril de 2003*), contrário ao Protocolo I (art. 51 [4] e 35 [2]), que interdita "os ataques indiscriminados" e os cometidos "de forma a causar danos desnecessários". Igualmente desrespeitados foram o **artigo 35**, que fixa como regra fundamental o princípio da proporcionalidade, e o **artigo 55 (1)**, que diz respeito à proteção do ambiente. Também contrário ao Protocolo I é o recurso a armas de urânio empobrecido, utilizadas massivamente durante a primeira Guerra do Golfo ([3]) e cuja utilização nesta campanha poderá ser demonstrada. Estas duas categorias de armas são contrárias à Convenção das Nações Unidas de 10 de outubro de 1980 e aos seus Protocolos sobre interdição ou limitação de determinadas armas clássicas produtoras de efeitos traumatizantes ou que disparam indiscriminadamente, bem como à Convenção de Otava, que interdita o uso de minas antipessoais;

- Ataques contra bens civis (bombardeamentos da televisão – qualificados pela Anistia como crimes de guerra no seu comunicado de 26 de março – de ministérios e serviços administrativos, de escolas, locais de culto, do património cultural e de bens indispensáveis à sobrevivência da população civil, como fábricas de produção de água potável, instalações e canalizações em várias cidades, provocando uma crise humanitária grave para os civis. Várias cidades, como Bassorá, foram privadas de água canalizada e de eletricidade quase duas semanas após o início das hostilidades;

- Obstruções das forças ocupantes ao trabalho das organizações humanitárias, contrariamente às prescrições dos **artigos 63, 142 e 143.5** da 4ª Convenção de Genebra;

- Bombardeamento do Hotel Palestina atingindo os jornalistas e as instalações da cadeia árabe Al Jazira, qualificado pela Federação Internacional dos Jornalistas como "crimes de guerra que não podem ficar impunes" e levando ao pedido de um inquérito internacional;

- Em relação aos prisioneiros de guerra, a distinção que os americanos deviam ter feito entre combatentes regulares e irregulares ao recusar aos últimos os direitos reconhecidos pelas Convenções de Genebra, submetendo-os a tratamentos desumanos ou à tortura, como já haviam feito com os presos de Guantánamo em resultado da guerra no Afeganistão; mesmo o ato "de privar intencionalmente um prisioneiro de guerra ou qualquer outra pessoa do direito a ser julgado regular e imparcialmente" constitui um crime de guerra conforme o artigo **8** de Estatuto de Roma que institui o Tribunal Penal Internacional;

- Eventuais assassinatos de soldados iraquianos que se rendiam em **Safouane**, relatados pela população civil e por um dos autores deste artigo. Além disso, também podem ser qualificados como crimes de guerra, por uso excessivo e desproporcionado da força, os assassinatos de civis após o fim das hostilidades ocorrido durante várias manifestações contra a ocupação anglo-americana.

3. Os seguintes atos podem também ser qualificados como crimes contra a humanidade:

- Situações de "deportação ou transferência forçada de populações", tal como definidos recentemente no **artigo 7** (2) (d) do Estatuto de Roma: fatos relatados por organizações humanitárias demonstram a existência de um plano preestabelecido pelas forças curdas pouco depois de assumido o controlo da região de Kirkuk; os membros da tribo al-Shummar deixaram quatro aldeias ao sul de Kirkuk devido a uma ordem escrita dada por um oficial curdo; além de cerca de 2.000 habitantes das aldeias de al-Muntasir, Khaid, al-Wahda e Umar Ibn al-Khattab, que foram forçados a deixar as suas casas, sob ameaça armada, enquanto eram espoliados dos seus bens. Um oficial curdo afirmou que esta política "foi aprovada pela força americana e pelas da coligação". Estes atos constituem também uma violação do **artigo 6** da 4° Convenção de Genebra, que impõe às forças ocupantes a obrigação de agir para prevenir os abusos contra os direitos humanos;

- Hipóteses de prisões e perseguições no sentido do **artigo 7** (1) (e) e (h) do Estatuto de Roma, como a detenção prolongada ou repetida de indivíduos devido às suas convicções políticas, religiosas ou culturais. Assim, a vontade das autoridades americanas de manter algumas pessoas presas, entre as quais civis e combatentes regulares e irregulares, sob o pretexto de ir contra o comando ou de pertencer ao partido **Baas** ou a grupos religiosos supostamente terroristas, conduz à negação grave dos seus direitos fundamentais reconhecidos pelo direito internacional. Estes atos, desde logo qualificados como crimes de guerra, entram também na categoria de crimes contra a humanidade por intenção discriminatória;

- Pilhagem ou destruição sistemática de monumentos ou edifícios pertencentes ao património cultural iraquiano, desde o momento em que ocorrem no quadro de uma política planificada. No mês de abril, a Biblioteca Nacional foi incendiada e os sete maiores museus nacionais iraquianos foram espoliados. Algumas informações publicadas deixam antever que estas pilhagens advêm de um projeto deliberado das forças de ocupação de pilhar a mais antiga civilização do mundo em proveito dos comerciantes de arte americanos e britânicos:

(a) estas pilhagens ocorreram sempre em cidades sob controle das forças da coligação. Testemunhas relatam que os canhões americanos estavam parados em frente à entrada principal do Museu Nacional de Bagdá quando os assaltantes esvaziaram o museu diante dos olhares indiferentes dos soldados americanos.

(b) Em 17 de abril, seguindo as instruções do Secretário-Geral da ONU, o diretor geral da UNESCO organizou em Paris uma auscultação de especialistas para definir as estratégias a adaptar. No final desta reunião, um dos especialistas confirmou que, tendo em conta o profissionalismo, as pilhagens "foram planificadas no exterior do Iraque", e ainda que cidadãos normais nelas tenham participado. Tudo parece indicar que os profissionais do mercado de arte tenham se apropriado das obras mais preciosas.

(c) Para finalizar, vários eminentes arqueólogos denunciaram recentemente uma coligação entre comerciantes de arte e advogados americanos especializados neste tipo de comércio: o *American Council for Cultural Policy* – ACCCP, que negociou antes do início do conflito com o departamento de Estado e com o departamento de Defesa americano um aligeirar das legislações americana e iraquiana a fim de facilitar o espoliar do património histórico iraquiano. Os precedentes ocorridos durante a Guerra do Golfo demonstram a fuga de numerosas obras culturais para museus ingleses e americanos. Não seria a primeira vez que militares americanos e britânicos cometeriam crimes internacionais; alguns estudos denunciaram já os crimes de guerra cometidos nomeadamente durante a primeira Guerra do Golfo. Mas o que é certo é que até hoje nunca se denunciou oficialmente e ainda menos condenou e reprimiu os crimes internacionais cometidos pelo Estado vencedor do conflito! Quando se ousará dar esse passo?

II. A condenação dos crimes cometidos

1. Condenar um Estado por agressão parece ser uma verdadeira "loucura" na cena internacional, sendo de fato o crime de agressão "o crime internacional supremo". Os órgãos políticos foram sempre tímidos, recorrendo apenas à constatação da "ruptura da paz e da segurança internacional", incluindo na invasão do **Kuwait** pelo Iraque, embora aí o agressor tenha sido claramente designado e o termo "invasão" figure expressamente na primeira resolução adaptada pelo Conselho de Segurança. Numa segunda resolução, datada de 6 de agosto, lê-se que o Conselho de Segurança está "decidido a pôr um termo à invasão e à ocupação do **Kuwait** pelo Iraque e a restabelecer a soberania, a independência e a integridade territorial do Iraque" (**resolução 661 – 1990**).

Em princípio, a condenação deverá emanar do Conselho de Segurança das Nações Unidas, principal órgão responsável pela manutenção da paz e da segurança internacional. Mas mesmo se há um bloqueio do Conselho de Segurança, como neste caso sem dúvida aconteceu por intermédio dos Estados Unidos e do Reino Unido, existe outra solução, que é a da realização de uma sessão de urgência da Assembleia-geral. Esta última reconheceu para si, por meio da **resolução 377** (V), "a União para a manutenção da paz", a responsabilidade de substituir o Conselho de Segurança em caso de bloqueio deste.

A resolução enuncia que a Assembleia "decide que, em todos os casos em que pareça existir uma ameaça contra a paz, uma ruptura da paz ou um ato de agressão e onde, pela impossibilidade da unanimidade entre os seus membros permanentes o Conselho de Segurança não cumpra a sua responsabilidade principal na manutenção da paz e da segurança internacional, a Assembleia-geral examinará imediatamente a questão a fim de fazer aos seus membros as recomendações apropriadas sobre as medidas coletivas a tomar, incluindo, em caso de ruptura da paz ou de um ato de agressão, o uso da força armada caso seja necessário para manter ou restabelecer a paz e a segurança internacional". A reunião em sessão extraordinária implica uma convocatória pelo Conselho de Segurança com o voto favorável de 7 membros ou a pedido de metade dos membros da organização. Houve dez precedentes em nome desta resolução, nomeadamente sobre a questão da Palestina.

Num comunicado de imprensa de 18 de março de 2003 a Federação Internacional dos Direitos do Homem apelou a uma reunião de urgência da Assembleia-geral em conformidade com a **resolução 377 (V)**, "com o objetivo de exprimir a sua condenação da operação armada americana como constituindo uma violação flagrante da Carta das Nações Unidas". A realização dessa sessão foi também reclamada pela Assembleia parlamentar do Conselho da Europa e pela Liga dos Estados Árabes.

Além da condenação pela ruptura da paz os órgãos das Nações Unidas relembram por vezes através de resolução as obrigações internacionais dos beligerantes de respeitar as Convenções de Genebra e a generalidade do direito internacional humanitário. O Conselho de Segurança denunciou igualmente em várias resoluções violações do direito internacional humanitário, como aconteceu no conflito entre o Iraque e o Irão. No caso da ex-Jugoslávia, o Conselho de Segurança relembrou o respeito ao direito internacional humanitário pelas partes, reiterou o princípio da responsabilidade penal individual (**resolução**

709 e **764** de 1992) e condenou as violações do direito internacional humanitário (**resolução 771** de 1992). A Assembleia-geral chegou mesmo a qualificar algumas infrações graves à Convenção de Genebra sobre a proteção de pessoas civis em tempo de guerra como "crimes de guerra" (**resolução 46/47 A**). Por ocasião do massacre de civis palestinianos nos campos de refugiados de Sabra e Shatila, qualifica-os como crime de "genocídio", pelos quais os "autores principais e seus cúmplices, sejam pessoas privadas, funcionários ou homens de Estado devem ser punidos".

2. O que aconteceu com a invasão do Iraque pelas tropas americano-britânicas? Poucas reações, sem dúvida! Não houve nenhuma resolução dos órgãos das Nações Unidas, tampouco a convocatória de uma sessão de urgência da Assembleia-geral. É preciso destacar o apagamento bem notório do Secretário-Geral das Nações Unidas, que apenas numa declaração de 27 de março faz alusão aos dois princípios que são "o respeito pela soberania, a integridade territorial e a independência do Iraque", por um lado, e, por outro, "o respeito do direito do povo iraquiano de determinar o seu futuro e de controlar os seus próprios recursos naturais". O Conselho da Europa reagiu pela voz da Assembleia parlamentar, tendo o seu presidente dito que "o uso unilateral da força fora do quadro legal internacional e sem decisão explícita do Conselho de Segurança das Nações Unidas prejudica a autoridade e o papel das Nações Unidas e deve ser firmemente condenado". A Assembleia parlamentar do Conselho da Europa decidiu realizar um debate de urgência em sua última sessão ordinária e adotou uma resolução. A condenação que faz é bastante explícita: "A Assembleia relembra que desde setembro de 2002 tomou uma posição firme contra o uso unilateral da força fora do quadro legal internacional e sem decisão explícita do Conselho de Segurança das Nações Unidas. Considera que este ataque, na ausência de uma decisão explícita do Conselho de Segurança das Nações Unidas, é ilegal e contrário aos princípios do direito internacional, visto que este interdita o recurso à força e à ameaça pela força à exceção dos casos previstos pela Carta das Nações Unidas. A Assembléia receia fortemente que a intervenção no Iraque, conduzida em nome da guerra preventiva, comprometa todos os resultados positivos obtidos na salvaguarda da paz, da segurança coletiva e da estabilidade internacional ao longo dos últimos cinquenta anos e constitua um perigoso precedente que corre o risco de ser explorado por outros países". Eventualmente pelos mesmos, acrescentemos! A Assembléia reiterou igualmente na mesma resolução que os "beligerantes" "podem ser levados a responder por qualquer crime contra a humanidade ou qualquer crime de guerra que tenham cometido". Por outro lado, o Conselho de Ministros da Liga dos Estados Árabes adotou em 24 de março uma resolução que recorre à expressão "agressão contra o Iraque" e onde a considera "como uma violação da Carta da ONU e dos princípios do direito internacional" e "reclama a retirada imediata e incondicional das forças de invasão americano-britânicas do território iraquiano".

Acrescentemos que desde o início das hostilidades lançadas pela coligação americano-britânica foram feitos vários apelos, nomeadamente da Comissão Internacional dos Juristas, do Comité Internacional da Cruz Vermelha, do Secretário-Geral das Nações Unidas, com vista ao rigoroso respeito do direito humanitário, incluindo por parte do estado ilegalmente agredido, o Iraque. Destaquemos, para concluir, que a Comissão dos Direitos Humanos das Nações Unidas rejeitou a proposta alemã, em nome do grupo ocidental, da realização de uma sessão extraordinária sobre os direitos do Homem e a situação humanitária no Iraque resultante da guerra.

III. A repressão dos crimes internacionais

A repressão dos crimes internacionais pode ter vários aspetos, tanto no plano nacional como no internacional.

1. No plano nacional, a prática do crime de agressão acarreta a responsabilidade penal individual e a responsabilidade internacional dos Estados. O direito internacional mantém ainda muitas lacunas nas formas que esta última poderá ter. A responsabilidade passa, sem qualquer dúvida, por um plano político, com as autoridades que prepararam e desencadearam a agressão a serem destituídas ou, no mínimo, a sofrer uma sanção eleitoral. Um processo de impeachment estaria assim em curso nos Estados Unidos, visto que o Presidente apoiou as hostilidades nos poderes de guerra aprovados de acordo com a Constituição. Em presença de normas internacionais imperativas (jus cogens) pode ser defendida a obrigatoriedade dos Estados procurarem e punirem os autores de crimes internacionais; foi isto que a Comissão Internacional de Juristas relembrou num comunicado de imprensa de 20 de março de 2003.

O princípio da competência universal, obrigatório para os Estados participantes na Convenção de Genebra, é pouco aplicado pelos Estados, sendo a Bélgica, a este nível, a exceção à regra, quando deveria ser este o princípio. Com efeito, em matéria de crimes de guerra, as quatro convenções de Genebra estipulam que qualquer Estado participante, independentemente da nacionalidade do presumível autor dos atos ou do lugar onde foram cometidas as infrações, tem a obrigação de reprimir os autores de tais atos. Mas as considerações políticas, devido às repercussões nas relações diplomáticas, criaram frequentemente obstáculos à repressão efetiva a nível interno. Se o juiz belga pode ser legalmente responsabilizado, por exemplo, pelas famílias das vítimas, pelos crimes das forças americano-britânicas, sozinho não conseguirá fazer justiça ao povo iraquiano. Prova disso é a situação atual: as autoridades políticas belgas decidiram transferir para as autoridades americanas, em 20 de maio, a queixa de crimes de guerra interposta em 13 de maio, em Bruxelas, contra o general Tommy Franks, comandante das forças americano-britânicas, por 17 iraquianos e dois jordanianos.

Esta possibilidade de transferência é permitida recentemente e apenas após uma alteração na legislação belga sobre a competência universal, podendo acontecer quando as queixas são consideradas "vexatórias" e "injustificadas". As autoridades belgas foram, sobretudo sensíveis às pressões americanas de mudança das instalações da **NATO**! Por outro lado, há o risco da instituição pelos Estados Unidos de uma justiça de fachada com tribunais militares que apenas condenem os crimes das autoridades iraquianas, inclusivamente sem respeitar os direitos fundamentais do acusado, e parciais, o que é contrário às suas obrigações de direito internacional. Há sempre a suspeição do risco de negação de justiça ao nível interno para crimes que envolvem altas autoridades do Estado. De igual modo, não é certo que os tribunais do Reino Unido julguem os responsáveis britânicos pelos crimes desta guerra; ora, segundo o Estatuto de Roma, que instituiu o Tribunal Penal Internacional e do qual o Reino Unido faz parte, um caso apresentado no Tribunal Penal Internacional não pode ser aceite se "é alvo de um inquérito ou de investigações por parte de um Estado competente para o efeito, salvo se esse Estado não tiver vontade de verdadeiramente conduzir o inquérito e as investigações" (**artigo 17, 1, a**).

2. Em face de esta carência de repressão a nível nacional é preciso virar-nos para o nível internacional.

Historicamente, no direito internacional, diante da existência de conflitos envolvendo vários Estados, é hábito instituir comissões internacionais de inquérito encarregadas de reunir elementos de informação sobre os crimes cometidos e as responsabilidades envolvidas; assim aconteceu nos dois conflitos mundiais do século XX, bem como na ex-Jugoslávia e na Ruanda; nestes dois últimos foram as conclusões das comissões que levaram à criação de tribunais internacionais *ad hoc*.

Além da desejável criação da referida comissão na situação atual, um tribunal deve julgar os criminosos. Ora, hoje são principalmente a condenação e a repressão que sofrem oposição na cena internacional do que a definição de agressão; prova disso é a não inclusão do crime de agressão na elaboração do Estatuto de Roma. Segundo o **artigo 5 (2)** do Estatuto, "o Tribunal exercerá a sua competência a nível dos crimes de agressão quando for adotada uma disposição conforme aos **artigos 121** e **123** que defina este crime e fixe as condições em que serão exercidas as competências do Tribunal a seu respeito". Portanto, atualmente o **TPI** não tem competência para reprimir o crime de agressão; alguns Estados ocidentais, e em primeiro lugar os Estados Unidos, não poderiam admitir mais do que isto visto que estão mais frequentemente na posição de agressor do que de agredido!

A solução mais plausível seria a de um tribunal temporário. Após os tribunais internacionais para ex-Jugoslávia e Ruanda e os tribunais mistos para o Camboja e a Serra Leoa, virá o tempo de um tribunal para o Iraque. A responsabilidade dos governantes por crimes internacionais é um princípio doravante consagrado no direito internacional. O processo está em curso contra Milosevic no **TPI** para a ex-Jugoslávia e o **TPI** para a Ruanda condenou Jean Kambarda, Primeiro-Ministro do Governo interino do Ruanda. Os méritos da repressão penal internacional em relação à repressão nos tribunais nacionais (*apesar das dificuldades de funcionamento dos tribunais para a ex-Jugoslávia e para a Ruanda, que importa sublinhar, dificuldades, sobretudo ligadas à insuficiente cooperação dos Estados, condição sine qua non em matéria* de boa administração da justiça, quer se trate da entrega e audição das testemunhas, da comunicação de provas, etc.), foram sublinhados em doutrina. Os tribunais internacionais estão, com efeito, mais bem armados para condenar crimes desta dimensão.

Na verdade, a sua criação, devido ao direito de veto dos Estados Unidos e do Reino Unido, não poderá vir do Conselho de Segurança. E então de uma resolução da Assembleia-geral a instituir esse tribunal? Não seria a primeira vez que a Assembleia-geral criaria um tribunal. A criação de um órgão judiciário por outro não judiciário é permitida, tendo em conta que não há delegação da função judiciária. A competência do Conselho de Segurança para criar o **TPI** para a ex-Jugoslávia fora admitida como um instrumento para o exercício da sua função principal de manutenção da paz e da segurança. O argumento é transponível para a Assembleia-geral visto que, devido ao bloqueio do Conselho de Segurança, aquela substitui este último na sua função de manutenção da paz. O **TPI** para a ex-Jugoslávia, no mesmo mandato relativo ao recurso da defesa invocando a exceção prejudicial de incompetência, considerou mesmo como um argumento suplementar de legalidade o fato da sua criação "ter sido aprovada e defendida várias vezes pelo órgão "representativo" das Nações Unidas, a Assembleia-geral". Isto daria, aliás, uma maior legitimidade a este tribunal, cuja criação seria aprovada pelo órgão plenário da comunidade internacional. As oposições serão, não haja dúvida, não de ordem jurídica, mas sim de ordem política.

Porque os crimes da coligação anglo-americana são um atentado aos interesses fundamentais da comunidade internacional e agitam a consciência de toda a humanidade (a mobilização das opiniões públicas assim o confirma!), que põem em causa, é uma necessidade absoluta a existência de normas imperativas do direito internacional, a denúncia e a repressão destes odiosos crimes, para que amanhã a repetição de tais atos seja cada vez menos tolerável e cada vez mais incômoda.

Esta guerra "preventiva" ilegal ameaça as conquistas do direito internacional moderno em matéria de regulamentação do direito da guerra. Mas provavelmente o mais importante é a revelação clara das lacunas da organização da sociedade internacional atual, onde os valores de justiça e solidariedade estão ausentes. É hora de repensar o direito internacional público para depurá-lo das falhas do sistema que permitem que certos Estados o transformem em direito imperial e para que os crimes internacionais cometidos pelos Estados mais poderosos não sejam reduzidos a simples "danos colaterais". A maior ameaça às nossas sociedades não é a da insegurança (*a nível interno*) ou do terrorismo (*a nível internacional*), como os Estados têm interesse em nos fazer acreditar, mas sim a da injustiça.

(¹). devido ao fato de suposto sequestro e morte pelas agências de inteligência norte-americanas como a NSA e CIA e os próprios FOpEsp da Divisão Dark 1, que já demonstraram sua eficiência e audácia quanto a este assunto.

(²). tropas formadas por militares de infantaria de auto potencial de combate de 14 países de terceiro mundo, sob contrato secreto e sob ordem e comando dos EUA. Apelidados de *killer Shadow Troop* ou *untrammeled troop*, devido ao fato de serem os primeiros a entrarem no campo de batalha sem identificação, sem proteção de artilharia terrestre ou aérea, sem poder ser molestada por oficiais no teatro G, sendo orientados apenas por comunicação via satélite.

(³). aqui em especial, houve várias mortes entre os militares da coalisão, que, sem saberem, utilizavam em seus armamentos leves munição contendo ou banhada a urânio empobrecido, pratica ocultada por autoridades militares e fabricantes de armas convencionais, ato que não só atinge os inimigos, sua população assim como as tropas invasoras.

CAPÍTULO **15**

REFLEXÕES E INFORMAÇÕES

Q uando paramos para pensar sobre a vida que Daniel levou e sobre suas histórias, existem vários aspectos que nos chamam a atenção. Muitos desses assuntos já são discutidos há algum tempo na mídia alternativa e alguns até na mídia tradicional.

Com a intenção de trazer um pouco mais de informação nesses tópicos, pesquisamos sobre algumas fontes curiosas de informação e resolvemos resumir os principais pontos neste capítulo, para servir de inspiração a você em pesquisas futuras e também de embasamento da história contada.

Além disso, conversamos desses assuntos também com nosso amigo Rodrigo Romo – palestrante internacional, criador e divulgador da técnica **Rometria™**, autor de cerca de **50 livros** espiritualistas com mais de **70 mil alunos** sintonizados pelo mundo – e trouxemos algumas reflexões interessantes, aproveitando seu profundo conhecimento sobre os assuntos aqui expostos, os quais apresentaremos a seguir.

ANTÁRTIDA

Há muita informação controversa sobre o continente gelado. Algumas oficiais, outras nem tanto. Mas não há dúvidas de que esse pedaço do nosso planeta gera curiosidade e fascinação.

Na história de Daniel, vimos que ele visitou a região algumas vezes, tendo diversos encontros com entidades não-humanas, incluindo treinamentos em bases subterrâneas e secretas. Isso é somente uma fração do que é contado por diversos estudiosos mencionados ou não neste livro.

A Antártida é tida como um continente que abriga diversas raças – humanas e não humanas – que não necessariamente possuem um bom relacionamento entre si.

A base mencionada no capítulo em que Daniel visita o continente pertence ao que chamamos de 4º Reich – uma continuação do 3º Reich Nazista da segunda guerra mundial, só que com outros objetivos e diretrizes no momento. Tudo isso começou quando Adolf Hitler fez um pacto com seres reptilianos em 1917, muito antes de assumir o poder. Nessa ocasião, ele recebeu diversos mapas da região para a exploração de bases e mais tarde receberia o contato dos seres que chamamos de "nórdicos" – os quais fundaram com ele o chamado 4º Reich.

Essa nova organização não está mais preocupada com os problemas da Terra, considerando-se todo o conhecimento intergaláctico que recebe. Agora, eles querem a colonização do sistema solar e, além disso, o desenvolvimento genético por meio de intercâmbios com essa nova raça "nórdica" – mais pura, ao seu ver. Atualmente, temos cerca de um milhão de habitantes em suas bases no continente gelado e mais de 40 mil pessoas em bases espalhadas por nosso sistema solar.

O maior indício da veracidade dessa informação foi a consequência da *Operação Highjump* executava pela marinha americana entre agosto de 1946 e fevereiro de 1947. A operação liderada pelo contra-almirante Richard Byrd Jr. constituiu no envio de 4.700 homens, 13 navios de guerra e cerca de 33 aeronaves com o objetivo oficial de estabelecimento de uma base norte-americana na Antártida chamada de "Little América", ou "pequena América", numa tradução livre.

Mas convenhamos... Quem leva uma artilharia tão pesada para um continente de gelo, somente para estabelecer uma base? A informação oficial é de que a base estaria sendo construída desde agosto e que, no final de fevereiro, todos tiveram que voltar mais cedo aos Estados Unidos pois o inverno havia chegado mais rápido do que o normal. Me surpreende muito a marinha americana não conhecer o clima da região e também não saber que o inverno no continente é no meio do ano e não no começo do ano, pois encontra-se no hemisfério sul.

Outra informação oficial relevante se refere aos "acidentes" e suas vítimas. Foram reportadas perdas oficiais de aviões e navios na região devido ao "clima".

Agora, falemos sobre a informação não oficial: os americanos foram até lá para tomar a base do 4° Reich, que já estava estabelecida na região há alguns anos. Como a sua tecnologia era muito superior – inclusive com um arsenal de naves com tecnologia extraterrestre que já haviam sido disponibilizadas para a Alemanha anos antes – não foi nada difícil para eles colocarem a marinha "para correr" num curto período de tempo, em pleno verão Antártico, devo acrescentar.

Uma informação interessante é a de que o 4° Reich é a única organização na Terra que possui acordo com o SGS daqui e o governo de Aldebarã. Portanto, o Governo Oculto local pensaria duas vezes antes de arrumar confusão com eles, pois existe um acordo mais forte com uma das facções desse sistema, o qual possui um projeto humanoide.

As bases que existem no continente gelado são formadas por grandes corredores de lava vulcânica seca de milhares de anos atrás, que formaram grandes corredores e cavernas na região. Por ali, antigas civilizações construíram suas cidades no tempo em que o eixo da Terra tinha um ângulo diferente e o polo sul ficava mais deslocado para o oceano Pacifico.

Assim, com a mudança de polo e o fim das civilizações antigas, essas cidades foram cobertas por gelo para serem descobertas e invadidas pelo 4º Reich, logo após sua formação, quando o partido Nazista tomou o poder na Alemanha nos anos 30 do último século.

O mesmo foi feito por outras civilizações extraterrestres que possuem presença no planeta e também, recentemente, pelo dito governo oculto que discutiremos logo a seguir.

Quando digo "cidades", gostaria de deixar claro que estamos sim falando de lugares com ruas, transportes, prédios, casas e tudo que uma cidade "normal" possui. São locais gigantescos que, em alguns casos, possuem até mesmo seu próprio "sol" – uma tecnologia de iluminação que além de clarear o ambiente, ainda nutre plantas e animais como o nosso astro faz.

Podemos esperar informações oficiais sobre ruínas na Antártida sendo reveladas em breve na mídia tradicional. Infelizmente, parte dessas informações servem como desinformação e distração, no que tange a revelação da verdade dos fatos como descritos aqui, à população em geral.

EXTRATERRESTRES

Pelo menos duas raças de extraterrestres foram claramente identificadas neste livro, através das experiências de Daniel. Logo no começo, inclusive com a única foto que temos, nos deparamos com o ser comumente conhecido como "grey" – de baixa estatura, cabeça e olhos grandes. O outro ser seria o reptiliano, com pele escamosa, forte e com os olhos característicos de pupilas verticais.

Quando Daniel se encontrou com o ser que chamamos de "grey" pela primeira vez no começo de nossa história, observamos – também pelas fotos – sua baixa estatura, cor cinzenta e um porte físico que não impõe nenhum medo. Mas, no decorrer dos fatos, vimos que o pequenino ser consegue superar e matar vários homens da tropa de elite e do exército de apoio. Assim como Daniel, nós também ficamos pensativos ao ler, tentando descobrir como isso é possível.

Na verdade, a espécie "grey" é uma das mais de 380 etnias existentes hoje no universo, as quais derivam de 78 tribos descendentes dos seres chamados Apiscianos nos últimos cinco bilhões de anos da nossa linha temporal. Sua aparência original varia entre alguns centímetros de altura, até 1, 80 m, aproximadamente, e sua pele varia desde tonalidades mais escuras, passando pela cor mais próxima da nossa – cobreada – até colorações um pouco mais pálidas.

O interessante foi descobrir na conversa com Romo que esses seres que Daniel encontrou não possuem pele cinza. Trata-se de um uniforme comumente utilizado pelos membros da Federação Intergaláctica – uma associação entre seres de diversos sistemas de planetas que possuem a tecnologia de viagem entre as galáxias.

Esse uniforme tem uma tecnologia de desdobramento gravitacional, trabalhando na linha temporal, ou seja, ele projeta um tipo de campo de força moldável de acordo com a vontade do ser. Essa é a razão para que o pequenino ser possa se deslocar com rapidez e ter uma força descomunal. Na verdade, o impacto não é no ser em si, mas sim no campo de forca gerado pelo seu uniforme. Outra razão para as milhares de balas atiradas pelo comando não atingirem em nenhum momento os "greys".

Como um ponto de referência, a ficção científica já ilustrou essa tecnologia em algumas ocasiões. No filme "Quarteto Fantástico" (Marvel, 2015), é exatamente essa a tecnologia usada pela mulher invisível. Também podemos ver o mesmo conceito no seriado Star Trek Discovery (CBS, 2017) onde a personagem Michael (Sonequa Martin-Green) no final da segunda temporada, veste um uniforme que lhe permite viajar no tempo de acordo com a manipulação gravitacional da linha de tempo.

Esse uniforme é de um material orgânico e não sintético, por isso dá a aparência desses seres estarem nus. É como se fosse uma segunda pele, viva, fazendo parte de seu corpo – dando comando pelo controle neural.

Os greys basicamente são seres que trabalham para algumas etnias de reptilianos. Os grandes dracos albinos, por exemplo – inclusive mencionados diversas vezes por Corey Goode em suas histórias – utilizam esses seres como linha de frente de batalha, exatamente conforme mostrado no filme "A ascensão de Júpiter" (Warner, 2015). Mais uma vez, a ficção imitando a realidade.

FIGURA 19. Representação do Draco Albino pelo relato de Corey Goode. Credito: TV Gaia.

Mas a função mais comum é a de recolhimento de material orgânico. No relato de Daniel, vimos que os pequenos seres tiravam todo o sangue dos corpos capturados antes de removê-los, inclusive podemos ver manchas na foto. Essa é mais uma característica clássica deles: tanto para humanos quanto animais, eles os paralisam e os dessangram antes do transporte.

Os corpos que são capturados são usados para fabricar clones com a intenção de alimentação dos reptilianos; pesquisa genética para entender alguns desenvolvimentos de espécies; decifrar alguns "elos perdidos"; ou também para extração hormonal com fins de sintetização. Alguns hormônios, inclusive, servem como "drogas recreativas" a algumas espécies. Corey Goode também já mencionou tudo isso em seus relatos, inclusive sobre casos de "pirataria genética", onde humanos membros do Governo Oculto traficam material humano em troca de tecnologia e favores.

Já o ser reptiliano, descrito mais tarde no capítulo "Encontro inusitado na Colômbia", provém de seres intraterrenos draconianos derivados das entidades que chamamos de Arcontes. Para entender o raciocínio, preciso contar uma história.

Os seres que comumente são chamados de Annunakis são entidades que vieram da constelação de Pleiades para a Terra há cerca de 450 mil anos. Quando chegaram aqui, encontraram alguns seres humanoides habitando o planeta pacificamente ao lado de Agartianos, seres que são, em sua grande maioria, de uma etnia de reptilianos – habitando tanto a superfície quanto a parte intraterrena.

Os Annunaki vieram para cá principalmente pela extração de alguns minerais especiais e para pesquisas nesse campo mineral. Sendo assim, instalaram diversas mineradoras e beneficiadoras de metais por vários pontos do globo. Uma dessas usinas ficou perigosamente perto de duas cidades Agartianas: Sodoma e Gomorra.

Sentindo-se ameaçados, os reptilianos invadiram a estação de beneficiamento de minério dos Annunaki e a destruíram. Como retaliação, os Annunaki detonaram três ogivas nucleares nas cidades Agartianas, matando perto de onze milhões de seres, começando uma guerra entre humanoides e reptilianos na Terra.

Esses seres draconianos intraterrenos, que Daniel encontrou em sua missão, são remanescentes dessa guerra e fazem parte de uma facção rebelde que ainda vive por aqui. Não está bem claro em qual dimensão eles vivem, pois transitam entre a quarta e a quinta.

São rebeldes, não seguem uma linha de comando clara e também não têm um objetivo estabelecido. Eles estavam adormecidos desde cerca de vinte mil anos atrás, mas foram despertados por causa de alguns projetos como o Montauk e o Filadélfia, ambos do governo americano e que têm o intuito de realizar viagens no tempo e interdimensionais.

Quando despertos, tentaram uma associação com o governo norte-americano, mas sem sucesso. Foram conseguir parceiros com a então Alemanha Nazista, através da troca de tecnologia, mantimentos e conhecimento. Hoje em dia não há como saber de suas intenções e não estão claros seus objetivos aqui na Terra, somente a remanescente raiva que têm pelos humanos por causa do conflito Annunaki.

EXTRAÇÃO DE ARTEFATOS

Vimos na história de Daniel que muitas de suas missões tinham relação com a extração de artefatos antigos, com tecnologia supostamente extraterrestre, principalmente na região do oriente médio.

Conforme publicado na revista Science de junho de 2014, a Terra possui "um vasto reservatório de água suficiente para encher os oceanos da Terra três vezes" abaixo da superfície, na crosta. Na última passagem do planeta Nibiru pelo sistema solar, há cerca de 12 mil anos, a força gravitacional alterou o eixo da Terra em cerca de 40 graus de inclinação. A consequência disso foi a mudança dos polos magnéticos e físicos, rompendo a crosta em alguns pontos e liberando parte dessa água subterrânea para os oceanos da superfície.

Isso gerou o famoso "dilúvio" bíblico, inundando milhares de cidades e bases por todo o planeta, forçando seus habitantes a abandoná-las o mais rápido possível.

Um outro efeito da passagem de Nibiru bem próximo à Terra foi uma descarga eletromagnética entre os dois planetas e Marte, o qual fez com que naves que estavam próximas ao nosso planeta caíssem e as que estavam pousadas por aqui não conseguissem sair.

IMAGEM 20: Stargate da série Stargate SG-1. Crédito: Internet.

Todos esses fatores do dilúvio somados ao pulso eletromagnético com os destroços da guerra entre os Annunaki e os Agartianos formam esses artefatos que estão sendo recuperados com a ajuda de Daniel e seu ex-time. Toda essa tecnologia e informação que está sob escombros está sendo revelada. Nesse sentido, a região do oriente médio é um território muito rico, pois ali ficavam as principais bases Annunaki e Agartiana.

Há muito mais a ser descoberto, e o público em geral não sabe de nada. Na região do Sudão existe uma imensidão de artefatos que não podem ser escavados por problemas políticos. Outra região riquíssima é a Amazônia. Inúmeras pirâmides, naves e cidades estão escondidas sob a densa floresta tropical.

O artefato mais cobiçado é o chamado "Stargate", tão bem retratado na série Stargate SG-1 (MGM, 1997-2007) usado para viagens através de "buracos de minhoca" – passagens interdimensionais – que servem para ir de um local a outro da galáxia instantaneamente.

Para quem acha tudo isso somente obra de ficção científica, o Dr. Michael Salla, uma das maiores autoridades em exopolítica mundial, recentemente apresentou uma cena de agradecimento do seriado Stargate Atlantis (2004-2009), derivado do mencionado SG-1, onde há um agradecimento à "forca espacial americana". Lembrando que há dez anos o presidente Trump ainda não havia sido eleito e muito menos assinado a criação dessa mesma divisão militar americana.

QUEM MANDA NISSO TUDO?

Uma das perguntas que mais se faz quando alguém fica sabendo da história desse livro: quem comanda essa tropa de elite mundial? Não consigo pensar numa resposta melhor do que um governo oculto.

É amplamente estudado e conhecido o domínio e manipulação de poucas famílias e ordens secretas durante toda a história da humanidade. Mas somente há pouco tempo, diríamos entre a Primeira e a Segunda Guerra Mundial, um governo oculto e organizado se formou em nosso planeta.

Hoje ele está com suas garras cravadas em praticamente todas as nações do globo e governa todos os países na ilusão sócio-cultural-política, colocando uns contra os outros, pela máxima "dividir para conquistar". E só observar a inútil briga entre direita e esquerda em praticamente toda eleição na Terra.

Mas, a resposta pode não ser tão simples assim.

A ideia de ter uma tropa de elite interferindo em alguns assuntos terrenos partiu da chamada Aliança Galáctica. Ela não é necessariamente parte do grupo que chamamos de Governo Oculto, mas tem interesses no desenvolvimento humano e em como as coisas são conduzidas por aqui.

O problema está no relacionamento político dessa aliança com o Governo Oculto. É por isso que muitas vezes vemos esse comportamento um tanto contraditório entre as missões que Daniel participa. Uma hora protegendo, outra hora atacando o mesmo lado. Uma hora fazendo a cobertura de entidades não humanas e em outros momentos interferindo diretamente em seus interesses.

Essa aliança é o conjunto de federações interplanetárias. Parte desse grupo possui dissidências políticas com outros grupos presentes aqui no planeta. Repare que a frase "lá em cima, como aqui embaixo" nunca foi tão verdadeira.

Enquanto a aliança estava interessada em ajudar ou "cortar as asas" dos grupos de acordo com seus interesses, o Governo Secreto terrestre que operava efetivamente a tropa de elite aproveitou para angariar informações e tecnologias das missões para seu uso pessoal aqui no planeta. O SGS (Sinistro Governo Secreto), como esse governo é chamado, fez um jogo duplo com as diferentes raças de extraterrestres e com as federações, pendendo para onde lhe interessasse mais.

A Aliança, por outro lado, faz pactos com os principais países do SGS na Terra sem realmente saber que tudo isso está acontecendo. Sendo assim, o comando da aliança através do Governo Secreto da Terra acaba sendo ambíguo e servindo a propósitos políticos de acordo com os interesses do momento.

CAPÍTULO 16

O JULGAMENTO

Durante todo o período que Daniel foi transportado de prisão em prisão, de quartel em quartel, pelos diferentes países, ninguém nunca o avisou ou conversou com ele sobre o que estava acontecendo; até o ultimo momento.

No capítulo "Voltando para casa", Daniel é liberado do quartel em Rio Grande, segue para Porto Alegre e vai finalmente de ônibus para Brasília, onde sua família vivia. Mas essa não é a história completa.

Agora, vamos conhecer a história de seu julgamento, a qual mudaria a sua vida para sempre.

No seu último dia de prisão no quartel de Rio Grande, Daniel dormia em sua cela quando foi surpreendido no meio da madrugada por um dos soldados, que lhe pediu que arrumasse suas coisas. A ordem era para estar pronto em trinta minutos, o que foi cumprido, como sempre.

Ao sair da cela, colocaram-lhe uma venda. O que ele conseguiu perceber era que minutos depois entrou num carro e foi levado a algum aeroporto, após uma viagem de aproximadamente uma hora.

De lá, ainda vendado, embarcou num avião em que permaneceu por cerca de uma ou duas horas, aproximadamente. Ao descer da aeronave, ainda vendado, foi colocado novamente em um carro por onde ficou por mais trinta minutos até finalmente chegar ao destino e ter suas vendas retiradas.

Daniel não sabia onde estava, tampouco se ainda estava no Brasil ou em algum país vizinho. O que podia ver era uma espécie de garagem no subsolo com uma porta ao fundo e mais nada. Ao seu lado, quatro soldados com uniformes distintos o escoltavam.

Ao passar pela porta, viu que o local era, na verdade, uma prisão, pois lá havia quatro celas vazias. Então, ele foi colocado numa delas, onde ficaria pelos próximos três dias.

A cela era razoavelmente confortável. Possuía cerca de 5 m x 5 m, duas camas tipo beliche, um banheiro privativo com água quente, uma mesinha que dispunha de água, biscoitos e alguns jornais para leitura – em Português, dessa vez. Como não havia janelas no local, era impossível saber se ainda era noite ou se já era dia. Mas, como estava cansado, resolveu dormir um pouco.

Sua rotina nesses três dias foi basicamente a mesma: tinha seis refeições diárias e fazia exercícios dentro da cela, pois não lhe foi permitido sair em nenhum momento. O fato mais curioso dessa estadia foi que Daniel recebeu a visita de cinco generais e sete coronéis enquanto esteve lá. Todos, sem exceção, perguntaram sobre seu trabalho anterior e queriam saber detalhes de como era e as informações mais interessantes. Nosso combatente não revelou nenhuma informação, pois ainda estava sob juramento.

O seu último dia de cárcere foi uma quarta-feira. Nesse dia, um sujeito diferente dos oficiais do exército veio visitá-lo. Era um civil magro, alto, barbudo e que ficou conversando com ele sobre matemática, cálculos e coisas afins. No final, deixou uma dessas revistas de palavras-cruzadas como presente. Até hoje Daniel não sabe o motivo ou quem seria esse sujeito.

Logo em seguida, um soldado veio dar algumas ordens e recados a Daniel. O oficial trouxe um uniforme completo e pediu para que ele o vestisse e se preparasse para sair. Logo em seguida, veio um rapaz para cortar seu cabelo (raspado) e a barba para lhe devolver a aparência militar de sempre.

Seu uniforme era bem interessante. De cor cinza escuro, continha as divisas referentes a sua patente, naquele momento de 2° Sargento, e também a bandeira com o símbolo universal. Ela era retangular com o desenho dos continentes no meio. Acima, uma espada estilo antigo – como aquelas dos templários – com a sua lança voltada para o lado esquerdo e abaixo outra espada igual, mas com a lança para a direita. Nos dois cantos do retângulo da parte superior, havia um desenho de um disco oval (como um OVNI clássico) e bem no centro do mapa dos continentes, encontrava-se uma silhueta do crânio de uma caveira.

Ainda em seu uniforme ele pode constatar todos os símbolos de todas as suas especialidades adquiridas enquanto serviu a tropa de elite mundial, tais como químico, selva, paraquedismo e assim por diante. Tudo o que sabia e fez estava representado naquele uniforme oficial.

Após ter a sua cabeça raspada, tomou banho e vestiu todo o uniforme. Algumas horas se passaram e nada aconteceu. Daniel chamou o soldado que fazia a guarda da cela e perguntou-lhe que horas iria sair. A ansiedade de saber o que se passava o estava consumindo. Não sabia se iria ser liberto, transferido ou qualquer outra coisa, mas certamente lhe fazia bem naquele momento vestir aquele uniforme. Quantas recordações!

Foi então que logo após a sua ultima refeição, a ceia por volta da meia-noite e meia, uma figura ilustre chegou a sua cela. Tratava-se de um ministro do governo brasileiro. O excelentíssimo senhor o cumprimentou, segurando suas duas mãos e disse olhando em seus olhos: "tenho todo o respeito e muita gratidão pelos seus serviços". Daniel, emocionado, agradeceu.

O ministro continuou explicando que ele seria seu representante de defesa. Com dois envelopes iguais em suas mãos, ele os colocou diante de Daniel e explicou que ele teria cinco minutos para fazer uma escolha.

O envelope da esquerda o levaria a assinar um acordo em que seria preso por trinta e cinco anos na prisão militar de Guantánamo, localizada em Cuba e gerenciada pelos Estados Unidos. Nesse caso, ele teria o salário mantido por todo o tempo em 30% de seus ganhos, os quais seriam recebidos por um familiar de sua indicação. Além disso, Daniel manteria seu cargo, cursos e patente, podendo eventualmente voltar à atividade após o cárcere, obviamente dependendo de sua idade e capacidade de contribuição. Mas teria que cumprir cada minuto dos trinta e cinco anos enclausurado.

O envelope da direita continha um acordo em que Daniel seria "deletado". Isso significava que ele poderia sair andando e livre imediatamente, mas que tudo, sem exceção, desde alguns anos antes de sua entrada no exército brasileiro até aquele presente momento seria apagado da história mundial. Todos os cursos, trabalhos, transações monetárias... Tudo! A única exigência seria que ele esquecesse tudo o que fez e não falasse mais nisso, com a pena de morte – sem aviso – caso descumprisse o acordo.

O ministro disse que voltaria em cinco minutos e a decisão já deveria estar feita. Assim, se virou e foi embora. Exatamente no prazo estabelecido, chegaram a sua cela seis soldados e um sargento. O sargento perguntou pelo envelope e Daniel entregou o escolhido.

Os soldados e o sargento então o escoltaram até uma sala ao lado das celas em que havia um guichê. Entregaram lá todos os papéis necessários e esperaram, por cerca de dez minutos, sua liberação. Assim, uma porta se abriu e eles passaram para uma sala de aproximadamente quinze metros em que havia um elevador. Todos entraram e o último andar, o sexto, foi pressionado. Daniel então finalmente soube que estava sendo retido no subsolo de um edifício, em algum local ainda desconhecido.

Ao se abrirem as portas, o ministro o esperava. De lá, seguiram os dois e os oficiais para uma porta que, ao abrir, revelou um tapume – que provavelmente estava ali para evitar que mesmo quando a porta se abrisse, alguém visse o que se passava lá dentro.

Os dois somente deram a volta no obstáculo e se depararam com uma sala que parecia um tribunal. Quatro oficiais se sentavam à frente e duas cadeiras foram colocadas no meio: uma para Daniel e outra para o ministro. Atrás, alguns soldados faziam a guarda e a segurança do local.

Imediatamente ao se sentar, lhe foi dado um fone de ouvido e foi pedido que Daniel o colocasse. Ele obedeceu. Assim, começaram a ler um documento em inglês, depois em russo, em chinês e finalmente em português. Era o mesmo documento que descrevia toda a trajetória de Daniel, desde seu alistamento até aquele exato momento, as acusações feitas e a razão de ele estar ali naquele momento. O fone servia de tradução simultânea.

No final da leitura, Daniel já era tratado como condenado. Como havia escolhido o envelope da direita, começou o processo de "delete". Naquele exato momento, um dos membros da mesa declarou que ele não poderia deixar o recinto com o uniforme que tinha no corpo. Pediu para que "o condenado" se aproximasse para a leitura final.

Enquanto o sujeito fazia a leitura de todos os cursos, conquistas e missões em que Daniel havia participado, um soldado ia retirando de seu uniforme suas patentes, seus cursos, suas bandeiras e tudo que continha e colocava os objetos numa bandeja ao lado. Ao terminar os acessórios, o oficial tirou o uniforme em si: os sapatos, as meias, a calça e a camisa, deixando Daniel somente de sunga no tribunal.

Aquele foi o primeiro momento em que Daniel realmente sentiu na pele o que seria perder tudo, literalmente. Não imaginaria que fosse assim. Atrás dele, reconheceu um major norte-americano, o qual encerrou a cerimônia em pediu para que ele fosse escoltado de volta à cela.

Ao chegar à cela acompanhado do ministro, reparou que ele deixava algumas lágrimas escaparem. Ele disse a Daniel que a situação era lamentável e lhe desejou boa sorte. "Agora tudo vai mudar", murmurou enquanto enxugava o rosto.

Como nosso combatente não tinha nem roupa para vestir, o ministro mandou trazer um conjunto que pudesse ser usado por Daniel, que assim o fez. Antes de sair, o excelentíssimo ainda lhe emprestou um pouco de dinheiro para que pudesse garantir sua volta para casa.

Foi então que três soldados chegaram e disseram que era hora de Daniel ir embora. Nesse momento, ele foi novamente vendado e colocado num veículo, o qual se dirigiu ao aeroporto novamente. Depois de algum tempo de voo, pousou e novamente nosso combatente foi colocado num carro que o deixou na rodoviária de Porto Alegre, no Rio Grande do Sul.

Daniel, sem saber o que fazer ou o que pensar, sentou no chão e meditou por alguns instantes. Um filme passava na sua cabeça. Tudo o que aconteceu, desde sua saída do exército brasileiro até aquele momento, sua última missão, todo o trajeto de todas as prisões pelo mundo até chegar ao seu julgamento e a decisão que teve que fazer.

Pensou também em todas as tecnologias às que teve acesso durante seu tempo na tropa de elite mundial. Coisas que o publico em geral nem imaginava à época, como treinamentos com hologramas e armas a laser. E o que dizer dos embates com seres não humanos?

Daniel então pegou um ônibus para Brasília. Algumas horas depois, como contamos anteriormente, foi recebido pelos seus pais em casa. Pelos próximos três anos, ele ainda acreditaria que tudo aquilo era um mal entendido. Que na verdade, em algum momento, ele seria perdoado e conseguiria voltar à tropa. Nunca imaginou que "deletar" fosse assim. Nem conta bancária ele tinha mais, nada. Ao procurar emprego, nem o ensino médio constava mais em seu histórico.

E agora, o que fazer?

www.ingramcontent.com/pod-product-compliance
Lightning Source LLC
Chambersburg PA
CBHW071000040426
42443CB00007B/599